Siegfried Woitinas

Von Leben zu Leben

Das neue Reinkarnationsgedächtnis
Leben zwischen den Leben
Erinnerungen an die Zukunft

Verlag Urachhaus

ISBN 3-8251-7166-3

Erschienen 1997 im Verlag Urachhaus
© 1997 Verlag Freies Geistesleben & Urachhaus GmbH, Stuttgart
Umschlagmotiv: Heide Oehms
Umschlaggestaltung: Anette Stickel
Druck: Clausen & Bosse, Leck

Inhalt

Wie entstehen Erinnerungen an die Zukunft? Gibt es eine Umkehrung der Zeit? 119

»Der Gedanke der Reinkarnation wird im nächsten Leben konkrete Erkenntnis der Wiederverkörperung.«

Vorbemerkung

Diese hier als Buch vorliegenden öffentlichen Vorträge wurden im Rahmen einer größeren Veranstaltungsreihe im »Forum 3« in Stuttgart gehalten. Der Stil dieser Schrift ist durch den Charakter der freien Rede geprägt und im wesentlichen beibehalten worden. Die Zwischentitel wurden zwecks besserer Übersicht nachträglich eingefügt.

Den speziellen Ausführungen liegen die allgemeinen Erkenntnisse der anthroposophischen Geisteswissenschaft zugrunde, wie sie z.B. in der »Geheimwissenschaft im Umriss« und anderen Schriften von Rudolf Steiner dargestellt werden.

Reinkarnationserfahrungen.
Wege, Erlebnisse, Wirkungen

Phänomene und Erfahrungen

Innerhalb von vier Jahren haben die »Prophezeiungen von Celestine«[1], die schnell in mehrere Sprachen übersetzt wurden, und die daran anschließenden Veröffentlichungen – Handbücher mit praktischen Übungsanleitungen und ein zweiter Folgeroman – über 10 Millionen Leser gefunden. Nicht nur die schnelle und erfolgreiche Verbreitung wurde im wesentlichen durch Mundpropaganda angeregt, sondern es entstanden an vielen Orten durch die effektvoll erzählten Erlebnisse lebhafte Gespräche und Gesprächsgruppen. Dieser heimliche Bestseller wurde eine Art Kultbuch und führte unzählige Menschen zusammen. – Was war der Grund, dass Millionen von Menschen durch ein Buch sich so außerordentlich, zum Teil mit anhaltender Wirkung, angesprochen fühlten und sich mit den dort beschriebenen Erlebnissen identifizierten?

James Redfield war es gelungen, eine Reihe zunächst ungewöhnlich erscheinender, neuer geistiger und seelischer Erfahrungen in bildhafter Erzählform zu einer Abenteuergeschichte zu verdichten, in welcher eben Millionen Leser ihre eigenen oft nicht verstandenen oder nur halbbewussten spirituellen Erfahrungen wiederfinden konnten! Nicht die idealtypischen geistig-seelischen Erlebnisse, sondern gerade die durch das Leben bedingten Entwicklungsschritte, Krisen, Hindernisse und der heute erlebbare Kampf mit den Gegenkräften, auf dem Hintergrund der sich entwickelnden Seelenkräfte, lenkten den Blick der Leser auf die eigenen, sehr individuell geprägten spirituellen Erfahrungen. Das gab immer wieder vielfältigen Anlass zu tiefgehenden Gesprächen und existenziellen Fragen. Die dabei zu beobachtenden Auswirkungen waren zwar keinesfalls einheitlich, aber es wurde deutlich, dass bei immer mehr Menschen ein tiefes Bedürfnis latent vorhanden ist, sich mit anderen Menschen über spirituelle Erfahrungen offen auszutauschen, um auf diesem Wege zu einem bewussten Erfassen und zu einem tieferen Verständnis zu kommen. – Solche Gespräche zwingen zum gedanklichen Formulieren der inneren Erlebnisse, und so kann der Erfahrungsaustausch das Tor zu einem weiterführenden geisteswissenschaftlichen Verständnis werden.

Die vielfältigen Erfahrungen, die Redfield seinerseits in einer 15-jährigen Jugendarbeit als Therapeut gemacht hat, geben den idealen Untergrund zu dieser »Parabel« ab, durch welche er den spirituellen Gesinnungswandel der heutigen Menschheit anschaulich machen möchte. Dieser reale sozialpsychologische Untergrund kann auch bei uns in Europa gefunden werden.

Angeregt durch meine eigenen diesbezüglichen Gespräche und Umfragen der letzten Zeit, möchte ich also mit dem Thema »Reinkarnationserfahrungen« zunächst daran anknüpfen und einige Schilderungen aus Redfields »Zehnter Prophezeiung von Celestine« aufgreifen, da diese Thematik in diesem zweiten Buch den Mittelpunkt der ganzen Bewusstseinsdramatik bildet.[2]

Anschließend werde ich auf Erlebnisse anderer Zeitgenossen eingehen. Dabei möchte ich mich bei der Schilderung der Erfahrungen auf mir persönlich bekannte Menschen stützen, von denen ich weiss, dass das, was sie erzählen, fundiert ist. Um solche Erfahrungen beurteilen zu können, ist selbstverständlich der entsprechende Sinn erforderlich, der im Verlaufe einer geisteswissenschaftlichen Arbeit – gestützt auf eigene Erfahrungen – ausgebildet werden muss, um unterscheiden zu können, aus welcher Bewusstseinssphäre jemand spricht; ob es tatsächlich reale Erlebnisbilder sind, die in frühere Erdenleben oder Seinszustände zurückweisen.

Schauen wir also zunächst noch einmal auf eines der Bewusstseinsphänomene, denen wir als »Celestine-Leser« begegnen.

Die Lebensvision

Zu den verschiedenen, immer häufiger auftretenden Bewusstseinsformen gehört also auch die Möglichkeit, sich an die Zeit vor der Geburt zu erinnern. Das heisst auch, das Ereignis in den Blick zu bekommen, wie Menschen auf das kommende Leben heruntergeschaut haben. Das heißt konkret: ein ungefährer Lebensvorblick, eine Art »Lebensvision« erscheint, die dann zunächst beim Geborenwerden wieder vergessen wird, aber es besteht die Möglichkeit, sich langsam wieder daran zu erinnern! Wenn nun viele Menschen oder viele Menschengemeinschaften sich an das erinnern, was sie sich für das eigene, persönliche Leben vorgenommen haben, dann besteht die Möglichkeit, praktisch die gesamte Menschheitsentwicklung ins Bewusstsein zu bekommen und damit auch seinem Leben, nicht nur dem individuellen Leben, sondern den Aufgaben, die man sich gemeinsam für die Erde gestellt hat, wesentlich konkreter ins Auge zu sehen. Das wird die »globale Vision« genannt. Redfield lässt dann am Schluß die handelnden Personen sagen: »Langsam stellen wir fest, dass wir das Erdendasein immer mehr aus der Perspektive des Jenseits betrachten.« Also nicht vom Irdischen her das Leben betrachten, wie wir es normalerweise tun, sondern vom Jenseits, vom Vorgeburtlichen, vom Gesichtspunkt der geistigen Wesen und vom Gesichtspunkt der Seelengruppen her, die um jeden Menschen herum sind und die das Leben des Einzelnen verfolgen. – Es sind also hochesoterische Tatsachen, die Redfield hier in seiner Geschichte anführt mit der Konsequenz: »Mit dieser Lebensanschauung sind wir nicht länger haltlos und verunsichert, denn jedes Ereignis unseres Lebens steht jetzt in einem großen, sehr wunderbaren Zusammenhang, einer Vision, in der es letztlich immer darum geht, die physische Dimension zu vergeistigen.«

Es bestehen also zwei Wege als Möglichkeit. Die Menschen gehen in die Vergeistigung, indem sie sich anstrengen und sich bewusst machen, dass sie auch geistige Wesen sind, oder die Menschen begreifen sich nur als irdische Wesen – und durch die Angst, die das irdische Leben erzeugt, gleiten sie in eine negative Entwicklung hinein.

Die Überwindung des Egoismus und das Aufrechterhalten der Menschheitsgemeinsamkeit ist eines der großen Anliegen, welche James Redfield mit seinem spirituellen Zukunftsroman verfolgt: »Jeder persönlich muss sich aber dafür einsetzen. Jedes Lebewesen ist eine Seele mit einer ursprünglich guten Absicht, das muss man sich klarmachen. Unsere Verantwortung liegt darin, dieses Wissen möglichst vielen Menschen zu vermitteln. Das ist die wahre zwischenmenschliche Ethik, mit der wir zu unserer vorherbestimmten Erweckung beitragen. Was auch immer wir für die kommende Zeit erwarten, ist wie ein Gebet, deren Kraft in irgendeiner Form zu uns zurückträgt, was wir erwartet haben. Jeder Mensch muss sich bewusst für die eine oder die andere Zukunft entscheiden.«

Zu dieser individuellen neuen Anschauung der gesamten Menschheit des Lebens gehört aber auch, dass die Menschen, die da geschildert werden, Erfahrungen machen über ihre Reinkarnationen. Das heißt konkret erinnern, wie sie schon in einem früheren Leben versucht haben zusammenzuwirken, bestimmte Krisensituationen zu meistern, ja zum Teil – das gilt besonders für den Held dieser ganzen Geschichte – in weit zurückliegende Leben schauen. Die Hauptperson erlebt zum Beispiel, wie sie im 13. Jahrhundert als Franziskanermönch schon einmal versucht hat, diese spirituellen Prophezeiungen zu kopieren, zu verbreiten und dafür getötet wurde. Dies ist einer der Rückblicke, die Redfield in dieses Buch hineinarbeitet, um zu zeigen, dass dieses Bewusstsein und die Erfahrung der schon einmal gelebten Leben wieder in einer verwandelten Form in diesem Leben auftaucht. Das geschieht, wenn auch zunächst nicht voll bewusst, sondern mehr als dumpfer Tätigkeitstrieb, als die Suche nach ganz bestimmten Menschen und in dem Gefühl, wenn er solchen Menschen begegnet, mit ihnen etwas zu tun zu haben.

Redfields zweites Buch ist 1996 herausgekommen. Wenn wir 85 Jahre zurückgehen, stoßen wir auf eine Aussage von Rudolf Steiner, der vielfältig in seinen geisteswissenschaftlichen Ausführungen auf die zukünftige Entwicklung der Menschen und der Weltentwicklung hingewiesen hat. Er sagte bereits 1909:

»Es gibt heute eine Anzahl von Seelen, welche in unserer Zeit soweit sind, dass sie knapp vor dem Moment stehen, wo sie an ihre frühere Reinkarnationen, wenigstens an die letzte, sich erinnern werden.« Und: »Gewisse Kräfte werden in der Menschennatur entwickelt werden gegen die Zukunft hin, die so wirken, dass der Mensch, sobald er nur ein gewisses Lebensalter erreicht hat und seiner selbst recht bewusst wird, in sich die Empfindung haben wird: Da ist etwas in mir, was ich verstehen muss. – Das wird die Menschen immer mehr und mehr ergreifen ... Da fühle ich etwas in mir, das hängt zusammmen mit meinem eigentlichen Ich. Merkwürdig – es will aber nicht hereinpassen in alles was ich wissen kann seit meiner jetzigen Geburt! – Dann wird man das, was da wird, verstehen können oder wird es nicht verstehen. Verstehen wird man es können, wenn man die Lehren der anthroposophisch orientierten Geisteswissenschaft zu seinem Lebensinhalt gemacht hat. Man wird dann wissen: Was ich fühle, das fühle ich jetzt deshalb fremd, weil es das Ich ist, das aus früheren Leben herübergekommen ist. Beklemmend, Furcht- und Angst erzeugend wird diese Empfindung sein für diejenigen

Menschen, welche sie sich nicht aus den wiederholten Erdenleben heraus erklären können. Dagegen lösen werden sich diese Gefühle, die jetzt nicht theoretische Zweifel, sondern Lebensbeklemmungen, Lebenszusammenschnürungen sein werden, durch jene Empfindungen, die uns aus der Geisteserkenntnis gegeben werden können und die uns besagen: Du musst dein Leben ausgedehnt denken über frühere Erdenleben hin«.[3]

Die Erfahrung des »Doppelmenschenseins«

Wenn Sie diese beiden Dinge zusammenschauen, was da am Anfang des Jahres 1909 gesagt wurde, und was 1996 durch Redfield in Romanform veröffentlicht wurde auf Grund von Hunderten von Erfahrungsberichten, wenn man außerdem die gesamte diesbezügliche Literatur zu überschauen versucht, dann weiß man, dass es heute unübersehbar viele Menschen gibt, die solche Erfahrungen machen und die sich dann auf der Erde zusammenfinden in irgendwelchen Gruppen. Sie reden über diese Probleme miteinander, sei es in Selbsterfahrungsgruppen, sei es in Studiengruppen, um das zu verstehen, was in ihnen, wie Redfield sagt, wie eine »Unruhe« wirkt. Eine Unruhe, weil sie nicht verstehen, was mit ihnen los ist. Das kann schon sehr früh beginnen. Es ist auch eine der ersten Erfahrungen, die Rudolf Steiner schildert: diese Unruhe, dass man nicht verstehen kann, was da in einem ist, etwas was nicht mit der äußeren Umgebung übereinstimmt.

Mir selbst ging es mit zwölf Jahren so, dass ich meine Eltern in Gesprächen beobachtet habe und immer feststellte: Ich verstehe das, was zwischen ihnen ist und ich kann vorausschauen, was sie nachher sagen werden. Ich konnte dies auch tiefer verstehen, aber ich habe es nicht irgendwo gelernt, sagte ich mir. Ich habe in der Schule nichts darüber erfahren. Was ist das in mir, was mir die Möglichkeit gibt, das zu verstehen und das anzuschauen? Was habe ich eigentlich mit diesen Eltern zu tun, die ich übrigens sehr gerne hatte? Es war eine Reihe lebhafter Fragen. Und die ganz intensive Frage: Was bin ich eigentlich? Bin ich der Sohn dieser Eltern, oder was bin ich?

Ich kenne einige Menschen, bei denen das im sehr frühen Alter aufgetreten ist, die sich diese Frage gestellt haben: Wer bin ich? Und hierzu sagt Rudolf Steiner zunächst ganz lapidar: Das hängt damit zusammen, dass man sich seines »Ichs« bewusst wird – der eine früher, der andere später –, das etwas ist, das man aus früheren Erdenleben herüberbringt. Bei mir hat das danach mit zwölf dazu geführt, dass ich aus dieser Erfahrung heraus, ohne mit irgend jemand darüber zu sprechen, zu der Einsicht gekommen bin: Ich habe schon viele Male auf der Erde gelebt und deswegen habe ich diese Fähigkeiten. Es war eine innerlich leuchtende Einsicht, die mich ergriff und mich dann begleitet hat. Sie ist auch wieder abgesunken, es hat mich aber im Unterbewusstsein immer begleitet. Aus dieser inneren Gewissheit, aus der heraus konnte ich dann auch in vielen sehr kritischen Lebenssituationen, in denen ich mit dem Tode konfrontiert war, diesem ganz anders entgegenschauen, als wenn ich das nicht gewusst hätte. Das war vor allem während einer Reihe von Erfahrungen gegen Ende des Krieges in meinem 16. Lebensjahr. Diese Erfahrungen zeigten sich später als lebenswendend.

Also dieses Gefühl: Da ist noch etwas in dir, was nicht hereinpasst, was anders ist als diese physische Leiblichkeit; ich nenne dies eine Art Bewusstsein des »Doppelmenschenseins«. Man ist also gleichzeitig ein geistig-seelischer Mensch und ein physischer Mensch, der natürlich das Kind seiner Eltern ist und auch geprägt ist von bestimmten Erbmerkmalen, von bestimmten Umwelteinflüssen usw.

Nun kann das weitergehen – und jetzt schildere ich schon ein wenig die Art der Erlebnisse, die vorbereitend zusammenhängen können mit weitergehenden Reinkarnationserfahrungen. Solche Erfahrungen, die heute unzählige Menschen haben, können sehr zart sein. Sie müssen noch nicht in Bildern auftreten, aber sie können einfach im Laufe des Lebens durch bestimmte Situationen als Gefühle und Ahnungen auftreten. Mitunter sind das Krisensituationen, Stress-Situationen, zum Teil heftiger Streit, den man mit anderen Menschen hat. Wo man sich jedoch nicht erklären kann, wie es jedesmal dazu kommt, dass man in eine ganz bestimmte Art der Streitsituation hereinkommt? Wenn man sich das dann bewusst macht, kann das Gefühl aufsteigen: Das kommt nicht aus diesem Leben, das ist gar nicht daraus zu erklären, sondern das bringe ich in dieses Leben mit. Auch der Andere bringt etwas mit, und wir stehen uns hier als ehemalige Gegner gegenüber. Es ist zunächst nur ein Gefühl, dass das mit früheren Erdenleben zu tun haben muss, was aus diesem jetzigen Leben nicht erklärbar ist, was aber angeregt wird durch die jetzige Situation.

Es können dann mitunter Bilder auftreten, etwa so, dass man in Bezug auf den andern Menschen, mit dem man in eine solche Streitsituation hineingerät, so etwas wie das Bild eines Kämpfers oder Kriegers hat, mit dem man im heftigen Streit, vielleicht mit Schwert oder Schild aneinandergeraten ist und den man verletzt hat, und dann verschwindet dieses Bild wieder. Das kann ganz kurz sein, das kann auch mehr eine Art Gefühlsbild sein. Aber es ist ein Bild, welches auf etwas hinweist: dass man auch im anderen Menschen, in seinen Neigungen, in seinen Emotionen und in seiner Art zu denken etwas vor sich hat, was sich gar nicht aus diesem Leben erklärt.

Wenn man also aufmerksam ist, kann man bemerken, dass man selbst, aber auch viele Menschen eine bestimmte Denkart, eine bestimmte Gefühlsart mitbringen, die gar nichts mit den Eltern zu tun hat, sondern die eine ganz individuelle ist, dass man selbst auch eine so individuelle Denk- und Gefühlsart, bestimmte Neigungen und Gewohnheiten hat, und die prallen dann aufeinander. Die Wirkung ist, wenn man den Gedanken der Reinkarnation hat – man muss das noch nicht schauen, doch es kann eine außerordentliche Hilfe sein –, dass man sich dann diese Situationen erklären kann, und das hat dann etwas Lösendes. Man geht über das rein psychologische Erklären hinaus. Es hat etwas Befreiendes, wenn man real denken kann: In den zwei Menschen oder auch in einer Menschengemeinschaft steckt in jedem etwas drinnen, was er aus früheren Erdenleben mitbringt, auf welches er vor der Geburt »zurückgeschaut« hat, und dass er aus diesem Zurückschauen auf frühere Leben sich vorgenommen hat, in diesem Leben, wenn er mit bestimmten Menschen wieder zusammentrifft, ganz bestimmte Dinge zu realisieren. Vielleicht hat er sich vorgenommen, gemeinsame Aufgaben anzugehen, vielleicht auch sich mit bestimmten Schwierigkeiten auseinanderzusetzen und daran zu lernen. Dies sind die Konsequenzen.

Es können also kurzfristige Bilder auftreten, Gefühle, die einem die Gewissheit verschaffen: Du hast mit diesen Menschen schon einmal zusammen gelebt und hast mit ihnen schon etwas zu tun gehabt. Oder sei es nur, man begegnet einem Menschen und spürt: den kennst du. Auch das weist auf so etwas hin. Ganz zarte Erfahrungen, von denen Rudolf Steiner sagt, das sie in der Zukunft immer häufiger auftreten werden; dass Menschen kurz davor stehen und wenigstens sich an ihre letzte Inkarnation und vielleicht auch an weiter zurückliegende Leben erinnern können und das zum Teil auch veröffentlicht haben.

Karma-Bilder in früher Kindheit

Jenny Cockell, in diesem Leben Engländerin, hat seit ihrer Kindheit, seit ihrem zweiten oder dritten Lebensjahr, ein außerordentliches deutliches Erinnerungsvermögen an ihr früheres Leben so deutlich, dass sie sagt: »So wie ich mich heute an die Kindheit meines Lebens erinnere, so deutlich waren auch die Bilder dieses früheren letzten Lebens. Aber, ich brauchte Mut und Stärke, um diesen zunächst als Träume erlebten Erinnerungen zu begegnen.« Mut und Stärke, das ist etwas Wichtiges, denn wir werden sehen: Diese Erinnerungen sind nicht immer leicht zu verkraften. Sie können etwas Belebendes, etwas Lösendes, Klärendes haben, aber sie können auch etwas Belastendes haben. Das gehörte auch zu ihrer Erfahrung.

Nun, bei Jenny Cockell tritt das von früher Jugend an auf. Sie schildert, wie sie voller Erinnerung war an Marys Tod – in diesem Leben heißt sie Jenny Cockell, im früheren Leben hieß sie Mary –, wie sie in Irland in einem kleinen irischen Ort in Mellerhyde geboren, aufgewachsen ist[4]. Sie hatte sechs Kinder, Söhne und Töchter und ein außerordentlich schwieriges Leben. Sie sagte: »Als Mary befand ich mich in einem großen Zimmer mit weißen Wänden«. Das ist ihre letzte, sehr prägende Erinnerung, die sie an dieses letzte Leben hatte: »Einzelscheiben, geteilte Fenster, das ließ eine Menge Licht herein, und ich wusste, dass ich bereits seit einiger Zeit krank war, in dieser Erinnerung an das frühere Leben, vielleicht schon seit Wochen, doch nun war der körperliche Schmerz nur noch entfernt spürbar. Und dennoch fiel es mir schwer, Luft zu holen, und ich rang um jeden Atemzug, was schon Panik verursachte. Ich hatte Fieber, was meine Gedanken und mein Zeitgefühl durcheinander brachte«. Sie hat also nicht nur Raumerinnerungen, sondern auch Gefühlserinnerungen: »Das Einzige, was ich mit Bestimmtheit wusste, war, dass ich allein war und dem Tode nahe. An einem fremden Ort, der nicht mein Zuhause war. Es war ein Krankenhaus. Der Gedanke, von meinen Kindern fortgerissen zu werden, ließ mich wünschen, den Tod, der unausweichlich war, bekämpfen zu können. Ich wollte versuchen, jener endgültigen Trennung zu entkommen und wusste doch gleichzeitig, dass mein Kampf fruchtlos war. Denn der Tod kam in jenen Träumen immer wieder, er kam unausweichlich. Aber nicht den Tod fürchtete ich, sondern die Trennung von meinen Kindern. Gewöhnlich erwachte ich dann tränenüberströmt und schluchzend vor Wut« – das heißt, nachdem sie diese Erinnerung an das letzte Leben hatte –, »aber ich war leise und ganz für mich allein, ich hatte viel Angst, dass meine Mutter gerufen werden musste, und ich fürchtete, mein Vater würde mich bestrafen, weil ich solche Dinge erzählte. Ich war allein mit meinem Schmerz, genauso alleine wie Mary in meinen Träumen mit ihrem Tod. Tagsüber erzählte ich meiner Mutter zwar hin und wieder über Mary und meine Träume, doch das Gefühl des Kummers, das in mir festsaß und nicht weichen wollte, war zu groß, als das ich gewusst hätte, wie ich es wenigstens zum Teil loswerden konnte. Es war nicht der Tod, der mir Angst machte, denn ich hatte ihn im Laufe der Träume als einen normalen, natürlichen Vorgang akzepiert. Was mich immer wieder in Tränen ausbrechen ließ, waren vielmehr der Kummer und der Verlust, den der Tod mit sich brachte. Es war zu früh, um zu gehen, viel zu früh, um die Kinder zu verlassen.«

Man sieht also, sie ist in einer schwierigen Situation im letzten Leben gewesen, stark emotional belastet, sie ringt mit dem Tod, sie will nicht um ihretwillen nicht sterben, sondern um der sechs Kinder willen, die sie in ziemlich ärmlichen Verhältnissen zurücklassen muss.

Nun will ich einige Dinge herausgreifen. Sie schaut auf ihre eigene Kindheit zurück, jetzt als Jenny Cockell, und sagt: »Ich fühlte mich schon immer anders als die anderen Kinder, und ich konnte nicht abschätzen, wie weit das auf die Erinnerungen an mein vergangenes Leben zurückzuführen war, denn all das war ein Teil von mir und muss sogar ein integraler Teil gewesen sein, ein Teil meiner gesamten Persönlichkeit und daher nicht messbar. Und es war daher schwer für mich, ein Kind zu sein. Ich verstand die belanglosen Dinge einfach nicht, denn die anderen Kinder hielten diese belanglosen Dinge für wichtig. Ich nahm die Dinge, wie sie waren und verstand nicht, was andere daran so komisch fanden, was andererseits jedoch die einzige, die über die Dinge lachte, nämlich ich selbst, für komisch hielt, und das hat sich nie geändert. Ich war und blieb ein Außenseiter meine ganze Kindheit und Jugend hindurch, und nie fühlte ich mich wirklich dazugehörig«.

Deutlich ist also das Problem sichtbar, die Wirkung einer sehr früh auftretenden, sehr umfangreichen Erinnerung. Jenny hat mir dann erzählt, wie das ihr ganzes Leben bestimmt hat und wie sie gewartet hat, bis sie so groß war, dass sie jene Kinder dann aufsuchen konnte, die sie zurückgelassen hatte. Und sie hat sie tatsächlich gefunden! Sie waren dann schon älter, so um die 60 Jahre herum, sie ist 1932 gestorben als Mary und ist 1953 dann wiedergeboren worden als Jenny Cockell. Sie hat dann mit 18, 20 Jahren begonnen, diese Kinder, die sie da in Irland zurückgelassen hatte, aufzusuchen. Sie hat den starken Trieb mitgebracht, das zu ergründen, was sie als tiefe innere Impulsierung erlebt hat und was sie ausgefüllt hat, auch äusserlich für wahr zu finden. Das heißt sie hatte keine andere Möglichkeit, diese inneren Bilder, diese sogenannten Traumbilder, zu verifizieren. Und das hat sie dadurch getan, indem sie sagte: Ich muss den Ort meines früheren Lebens finden. Sie hat sich eine Landkarte genommen, und ihr Auge fiel dann immer auf einen ganz bestimmten Punkt in Irland. Da hat sich tatsächlich der Ort auch gefunden. Als sie dann dort hinreisen konnte, war das Erste, was sie sich fragte: Was hat sich verändert? Sie hatte eine ganz präzise Vorstellung von dem Ort, wie er 1932 gewesen war, als sie ihn verlassen hatte als Mary und musste jetzt ganz genau feststellen, was seitdem neu hinzugekommen, neu hinzugebaut worden war – also ein ganz präzises Erinnerungsvermögen.

Diese Fähigkeit, die sie hatte, war bei ihr als Kind schon so immer damit verbunden, dass sie meinte, die andern müssten das doch auch so selbstverständlich erinnern können, was sie in ihrem früheren Leben gewesen sind, was sie gedacht und was sie getan haben. Sie müssten auch – und das kommt bei ihr dazu – *Bilder* haben von dem, was in der *Zukunft* geschieht. Bilder von Dingen, die in einigen Tagen sich verändern werden, die in Kürze geschehen werden. Bei dem Gespräch, das wir mit ihr hatten, hat dann jemand gefragt: »Ja woher wissen Sie denn, dass Zukunftsbilder auch solche Bilder sind, die sich realisieren, woher haben Sie die Möglichkeit, sie zu unterscheiden von normalen Traum- und Wunschbildern?« Ihre Antwort war sehr interessant: »Es entwickelt sich ein Sinn im Laufe der Erfahrung, was wahr ist und was Phantasiebilder sind. Was sich in der Zukunft realisiert, diese Bilder, diese Zukunftsvisionen haben einen anderen ›Geschmack‹, eine andere Erlebnisqualität«.

Im Laufe der Zeit hat sie dann ziemlich deutlich herausfinden können, welche Bilder sich auf solche zukünftigen Ereignisse beziehen und welche nicht. Sie hat durch diese Erlebnisse, ihr Suchen, ihre Bemühungen und durch das, was sie dann durchgemacht hat, immer deutlicher ins Bewusstsein bekommen, was sie in ihrem letzten Leben getan und erlebt hat. Aber es ist – und deshalb bringe ich das als Beispiel – naturhaft bei ihr aufgetreten und nicht durch Schulung. Also zwei Fähigkeiten: Erinnerungbilder an frühere Leben, am deutlichsten die an das letzte, und Zukunftsbilder!

Sie hat – um den Dingen eine schnellere Entwicklung zu geben und weil sie mehr und Präziseres wissen wollte – eine Rückführung unter Hypnose gemacht. Diese Erlebnisse, die sie dann unter Hypnose erfahren hat, waren jedoch so, dass sie merkte: Da ist unendlich viel mehr ans Tageslicht, in ihr normales Bewusstsein heraufgeschwemmt worden, als sie eigentlich ertragen konnte. Und sie sagt dann über diese Hypnosesitzungen: »Die Intensität der Erinnerungen ließ mich zerrissen, roh, verwundbar und völlig verwirrt zurück. Ich litt unter einem schrecklichen Konflikt zwischen Selbstschutz und den aus der Vergangenheit aufsteigenden Bedürfnissen. Vom psychologischen Standpunkt aus ist es zwar oft besser, den Dingen ins Auge zu sehen, anstatt sie zu unterdrücken, aber das Trauma des Wiedererlebens sollte nicht unterschätzt werden«. Und sie kam zu der Einsicht: »Eigentlich hätte ich es nicht tun sollen, ich hätte Geduld aufbringen müssen, damit die Dinge langsam durch meine Reife von selbst aufgetreten wären«. Das ist ihre Erkenntnis im Rückblick auf die durchgeführten Hypnosesitzungen. Jenny Cockell ist also ein Mensch, bei dem diese Dinge als unmittelbare, frühe Erfahrung auftreten und einen starken Drang auslösen, die Wahrheit über die inneren Erlebnisse auch außen in der Welt aufzusuchen. Und diese Wahrheitssuche hat ihre Persönlichkeit in hohem Maße mitgeprägt!

Besondere Lebenssituationen

Eine andere Art von Auslösern, die ich vorhin schon erwähnt habe, sind alle Arten von herausgehobenen Bewusstseinszuständen, Stress-Situationen, Miterleben von Streit usw. Derartige Erlebnisse sehen wir bei Petra Angelika Peick, einer esoterischen Psychologin, die ich persönlich kenne und die das erzählt hat. Sie hat auch ein Buch darüber veröffentlicht[5]. Hier haben wir eine ganz andere Situation: Sie studierte Psychologie und erlebte besonders stressreiche Studientage und Nächte. Es ist immer wichtig, dass man auf solche äußeren Umstände ein wenig achtet, denn diese Dinge treten nicht immer so von selber auf, sondern oft in besonderen Situationen, Stimmungen. Sie sitzt in ihrem Zimmer, liest psychologische Statistiken und hört dabei eine Schallplatte mit Klaviermusik von Chopin, leise im Hintergrund: »Und plötzlich ergreift mich ein sonderbares Gefühl, etwas hat sich verändert, die Klaviermusik, die soeben noch ganz leise geklungen hat, bekommt einen intensiven, durchdringenden Charakter, sie erfüllt den ganzen Raum und das

Bewusstsein verändert sich. Ohne es bemerkt zu haben, muss ich wohl aufgestanden sein, ich fühle, dass ich am Fenster stehe, meine Hand drückt gegen die kalte Scheibe, an der die Regentropfen herunterlaufen, und durch die Tropfen hindurch blicke ich auf das nasse Kopfsteinpflaster einer engen Gasse. Ein Paar kommt schnellen Schrittes um die Straßenecke, die Dame trägt ein Kostüm mit einem langen Rock und altertümliche schwarze Stiefletten. Der Herr ist mit einem langen Gehrock, Gamaschen und Zylinder bekleidet und trägt einen Rüschenschirm und schützt sie vor dem unaufhörlich herabfallenden Regen. Sie hasten vorbei. Gegenüber eine Uhrmacherwerkstatt, ich hätte gerne dem Uhrmachermeister seine Arbeit mit beobachten wollen, aber die Läden waren heruntergelassen, es muss Sonntag gewesen sein. Da kommt eine Kutsche mit zwei dunklen Pferden die Gasse vorbei. Ich höre das vertraute Knirschen der Räder und das Schlagen der Hufe auf dem Pflaster. Ich wende mich in den Raum zurück, und im Dämmerlicht sehe ich einen Mann an einem Flügel sitzen, der diese wunderschöne Musik spielt. Es schmerzt mich, sie anzuhören, obgleich mir ihr Klang tröstlich und vertraut ist. Er hat keinen Blick für mich, auch wenn er jetzt in meine Richtung schaut. Ich würde ihm gern zeigen, wie sehr ich ihn liebe, würde gern ganz nahe bei ihm sitzen, aber meine Gesten erreichen ihn nicht. Ich trage eine Puppe im linken Arm, aber die ist kein Ersatz. Mit ihm würde ich gerne sprechen und spielen. Enttäuscht setze ich mich mit der Puppe in den Schaukelstuhl, und jetzt fällt mir ein, dass ich etwa zehn Jahre alt bin, ich heiße Esther, wir wohnen in Berlin. Mit einem letzten Blick auf den Pianisten gehe ich zur Türe und drücke die Klinke. Er bemerkt kaum, dass ich den Raum verlasse«.

Petra Peick hatte eine tiefe Liebe zu ihrem Vater im letzten Leben, die nicht erfüllt wurde. Und diese unausgefüllte Liebe, die sie schildert, wirkt in ihr so, dass sie in dem Moment des Gestresstseins, wo sie ein bisschen aus sich herausgehoben ist – was wir vielleicht alle kennen – und zugleich eine bestimmte Melodie hört, die sie aus einem früheren Leben kennt, so etwas bildet wie eine Grundstimmung, aus der heraus plötzlich dieses *Gefühl*, das zunächst auftritt, sich in *Bilder* verwandelt.

Ich sage dies deswegen, weil es ein wichtiges Merkmal ist, auf das man achten muss, wenn man einen eigenen bewussten Weg geht, um solche Lebenserinnerungen, solche Karma-Erinnerungen zu haben: Auch der übende Weg zu Karma-Bildern geht über das durch präzise Erinnerungsbilder gesteigerte *Fühlen*! Also Auslöser waren hier nicht mitgebrachte kindliche Erinnerungen, sondern ein Erlebnis zu einem späteren Zeitpunkt im Leben. Sie hat das dann weiter verfolgt und ist heute eine sehr solide Reinkarnationstherapeutin, die in ihrer Praxis als esoterische Pyschologin mit Menschen arbeitet.

Selbst ausgesuchte Schwierigkeiten

Wer das Buch »Die Zehnte Prophezeiung« gelesen hat, wird auch dort solche Schilderungen finden, auch wenn sie dort schriftstellerisch verarbeitet sind. Die dort geschilderten Erlebnisse sind auch in Deutschland in vielfältiger Form zu finden. – Redfield schildert z.B. die

Ärztin Maya, die nun nicht auf ihr vergangenes Leben zurückschaut, sondern sich an eine Lebensvision erinnert, an jene vorgeburtliche Vision nämlich, die sie hatte, indem sie sich für dieses Leben in diesem Jahrhundert vorbereitete. Und das ist das Interessante daran, dass dort sehr genau geschildert wird, warum sie sich diese Eltern, diese Mutter und diesen Vater ausgesucht hat. Und der Held der Geschichte erlebt das mit.

Ich schildere dies deswegen, weil es eigentlich ein Lebensrückblick ist, der aber als Vorblick auf dieses Leben hier dargestellt wird und wo mitvollziehbar wird, warum sie sich eine Mutter ausgesucht hat, die unter Lebensangst litt, sowie einen Vater, der sehr verschlossen ist und zugleich wissenschaftlich, erfinderisch begabt.

Man könnte ja fragen: Warum suche ich mir nicht Eltern aus, die eine gewisse Vollkommenheit und einen ausgeglichenen Charakter haben. Aber sie sucht sich schwierige Eltern aus, allerdings in einer solchen Weise, dass sie dann sagen kann: Gerade weil sie mit so schwierigen Eltern konfrontiert war und dann als Kind selber kränklich wurde, wurden die Eltern angeregt, sich intensiv mit Medizin zu beschäftigen. Diese Beschäftigung mit der Medizin in der Auseinandersetzung mit ihrer kränklichen Tochter hat dann dazu geführt, dass sie später selbst Ärztin geworden ist und sich dann für eine alternative, spirituelle Medizin interessiert hat. Auch hier sieht man also, wie bestimmte Schicksalsumstände eine Rolle spielen, die aber durchaus eine interessante Nuance haben, indem sie nämlich »erklären«, warum man sich Verhältnisse aussucht, die nicht so »glatt« sind. Man erinnert sich ja nicht ohne weiteres an ein früheres Leben, sondern muss erst einmal Schwierigkeiten überwinden, die auch insofern eine Rolle spielen, als das, was man vielleicht als positive Lebensziele und Absichten in dieses Leben mitgebracht hat, auch durch die äußeren Umstände zum Teil verfälscht werden kann. Denn auch unsere Eltern und Mitmenschen werden, wie Redfield es schildert, mit den besten Absichten geboren, aber auch sie schaffen es nicht wirklich, das was sie als Lebensvision, als spirituelle ideale Aufgabe mitbringen, zu realisieren. Und diese Verfälschungen, in denen wir heute alle drin stehen, modifizieren auch unser eigentlich mitgebrachtes Karma. Mit dieser Tatsache haben wir zu ringen.

Nun kann man die Frage stellen: Hat denn dies nicht durchaus einen Sinn, dass nicht alles so schön glatt geht, sondern dass wir mit Schwierigkeiten konfrontiert werden durch unsere Mitmenschen, unsere Eltern, Mitarbeiter und Freunde? Hat dies nicht eine besondere Wirkung, selbst wenn wir wissen, dass wir schon einmal, oder viele Male auf dieser Erde gelebt haben?

Hier treten also Bilder, ganze Szenen auf. Bei Redfield handelt es sich ja um Folgendes: Der Held dieser Geschichte erinnert sich, wie er einst als Franziskanermönch in den Besitz dieser Prophezeiung kam und ganz elektrisiert war; wie er versucht hat, fast heimlich diese Dinge zu kopieren, dann gefangen genommen und getötet wurde; dass er ein Gnostiker war, so wie der Papst Coelestin V., der im 13. Jahrhundert als Gnostiker diese Dinge auch noch vertreten hatte und der einfach abgesetzt wurde. Und diese Rückerinnerung des Helden der Geschichte spielt ja dann eine wesentliche Rolle in der ganzen Sache.

Ich will als ein weiteres Beispiel noch eine etwas dramatische, tragische Sache schildern, die ich von einem jungen Mädchen kenne und die mich sehr bewegt hat. Es ist sicher kein Einzelfall, ist aber sehr aufschlussreich in Bezug auf die Frage, in welchen Formen Erinnerungen an frühere Erdenleben auftreten. Sie treten nämlich auf auch in Bezug auf nicht ganz gelebte, aber geplante Erdenleben!

Dieses junge Mädchen zwischen 15 und 17 Jahren hatte häufig wiederkehrende, furchtbare Weinkrämpfe. Sie kam mit sich nicht zurecht. Sie hat sich in sich fremd gefühlt. Nicht so sehr in ihrer Familie, aber vor allem auch in der Schule. Sie hatte eine Klasse, in der sie sich nicht verstanden fühlte, von der sie immer gesagt hat: Mit denen habe ich nichts zu tun. Dieses Zurückgeworfensein auf sich selbst hat diesen Zustand noch verschärft. Sie kam also mit sich nicht richtig klar, sie verweigerte sich quasi dem Leben, und damit auch dem physisch sich entwickelnden Körper. Es trat eine Magersucht auf, Verweigerung der Nahrungsaufnahme etc., so dass sie fast daran gestorben wäre. Sie hat das durchgestanden und sich dann intensiv in das Rätsel ihres eigenen Wesens hineingearbeitet, sie fragte sich: Was liegt da vor, dass ich dieses Leben nicht will, dass ich diese Menschen nicht mag, die in meiner Klasse sind, und dass ich diese Schwierigkeiten habe? Durch diese Schwierigkeiten, mit denen sie nächtelang gerungen hat, traten Bilder auf, insbesondere jenes Bild, dass sie sich schon einmal in dieser Familie inkarnieren wollte. Diese Inkarnation ging bis zum dritten oder vierten Monat der Schwangerschaft. Sie hatte eine tiefe Liebe zu ihren Geschwistern und zu ihrer Mutter. Es waren schwierige Familienverhältnisse, aber doch hatte sie eine besondere Liebe zu diesen Menschen, die dann später ihre Angehörigen werden würden. Und sie musste entdecken – das hat sie in diesen Bildern geschaut – dass ihr Vater ihre Mutter gezwungen hat, sie abzutreiben. Sie hat also aufgrund starker emotionaler Erlebnisse durch Rückerinnerung in das noch nicht richtig begonnene, sondern angefangene Leben in der Embryonalzeit deutliche Bilder vor sich gehabt. Bilder des Abtreibungsmomentes und der Zerstückelung dieses Embryos. Furchtbar.

Durch das Rückerleben dieser Erfahrungen und auch durch Gesprächshilfen hat sie verstanden, warum sie sich immer als zurückgesetzt erlebte auch gegenüber den Altersgenossen ihrer Klasse. Sie hat dann die Schule gewechselt und andere Menschen gefunden. Mit 21 Jahren hatte sie es dann geschafft, diese ganze Krise so zu überwinden, dass sie wusste, warum sie diese Schwierigkeiten als junges Mädchen hatte, diese Verweigerung gegenüber der Nahrungsaufnahme, diese Verweigerung gegenüber dem Frauwerden, die Fremdheit gegenüber bestimmten Altersgenossen. – Nach diesen Erfahrungen kamen ihr nach und nach Bilder aus zwei weiter zurückliegenden Leben ins Bewusstsein, in denen ihr Leben in verhältnismässig frühem Alter beendet wurde.

Es können also Zustände auftreten, die zunächst gar nicht in einer solchen Bildhaftigkeit ins Bewusstsein treten, aber hinter den Erscheinungen steht etwas, das zwar eine psychologische Komponente hat, was man aber vom rein Medizinischen oder Psychologischen her gar nicht erklären kann. Wenn man weiß, wie viele Abtreibungen heute gemacht werden, kann man sich vorstellen, wie viele psychische und physiologische Schwierigkeiten von solchen vorgeburtlichen Erlebnissen, die dann zunächst vergessen werden, herrühren können. – Rudolf Steiner hat auf die Tatsache hingewiesen, dass man in solchen Fällen, wenn sich die Kinder ein zweites, drittes Mal in diese Erdenverkörperung hineinbegeben und sich einen neuen Körper suchen müssen, etwas wie eine tiefe Melancholie, die sie über sich haben, beobachten kann. Die Auswirkung der Abtreibungspraxis ist heute sicher noch viel weitergehend.

Auch Werner Meinhold, Therapeut und Autor des Buches »Der Wiederverkörperungsweg eines Menschen durch die Jahrhunderte«[6], schildert, dass eine dieser achtundzwanzig von dieser Persönlichkeit erinnerten Inkarnationen ebenfalls eine abgebrochene Geburt war! Es war keine Abtreibung, sondern eine abgebrochene Schwangerschaft, in welcher das vorbereitete Leben zwar vorausgeschaut, aber nicht angetreten wurde. – Also auch dies scheint möglich, dass von der geistigen Seite her ein Leben angefangen wird und die Embryonalentwicklung bis zu einem bestimmten Punkt geht und dann von der geistigen Seite durch dieses Wesen abgebrochen wird, weil die Seele plötzlich entdeckt: Es geht so nicht, die vorausgeschauten Schwierigkeiten werden zu groß. – Sie sehen also, diese Möglichkeiten der ins Bewusstsein heraufgeholten Karma-Erinnerung gehen in unterschiedlichsten Dimensionen vor sich. Damit kommen wir schon zu den verschiedensten Formen der bewussten Rückführung, die heute angewendet werden, um die in jedem Menschen schlummernden Erinnerungen an frühere Daseinszustände ins Bewusstsein zu rufen.

Bewusste Rückführung

Der eben schon angedeutete Weg sich an frühere Leben zu erinnern, ist nun jener, der durch bewusste Rückführung, mit Hilfe sogenannter Reinkarnationsbegleiter oder -Therapeuten beschritten wird. Es ist jedoch heute eine Tatsache, dass, im Vergleich zum Anfang des Jahrhunderts, wo meistens unter Hypnose solche Versuche schon gemacht worden sind, heute keine Hypnose mehr notwendig ist, weil schon bald in den sechziger Jahren die Erfahrung gemacht wurde, dass diese Karmaerinnerungen bei vielen Menschen ganz dicht unter der Oberfläche des Bewusstseins liegen. – Obgleich Werner Meinhold alle Arten von Tiefenentspannung und Meditation als »Hypnose« bezeichnet, stimme ich mit ihm darin nicht überein! Jedenfalls gelingen heute solche Rückführungen unter einer relativ leichten Konzentration und tiefen Entspannung so erstaunlich schnell, dass Menschen häufig schon nach mehreren Sitzungen – die allerdings über mehrere Stunden gehen – in das letzte oder in weiter zurückliegende Erdenleben sehr deutlich zurückschauen und beschreiben können: die Umgebung, wie sie angezogen waren, die Mitmenschen, die Natur, oft auch ein erstaunlich deutliches Gefühl für die Zeit, in der das stattgefunden hat. Häufig ist der Weg oder der Anstoß zu so einer Rückführung ein Lebensproblem, eine seelische Krise oder eine Krankheit, die sich meistens durch keine anderen Mittel behandeln läßt, so dass man den Weg zu einem Reinkarnationstherapeuten findet. Eine auf diesem Weg erlangte Rückerinnerung kann, indem in vielen Fällen die Ursachen in früheren Leben intensiv fühlend durchlebt werden – das ist das Entscheidende! – auch tatsächlich Hilfe bringen, so dass die Betreffenden dann nicht nur wissen, woher ihre Probleme kommen, sondern in einem gewissen Rahmen auch Heilung erfahren!

Eine weitere Möglichkeit liegt darin, dass manche Menschen grundsätzlich Interesse haben an der Frage: Gibt es wiederholte Erdenleben? Und es ist ihnen so ernst, dass sie dann einen Schulungsweg machen durch bestimmte Meditationen, um selber herauszufinden, was sie in früheren Erdenleben gemacht haben und was sie gewesen sind. Ich werde hierauf noch genauer eingehen und versuchen zu schildern, wie ein solcher Weg begonnen werden kann.

Die geistig veränderte Konstitution

Es gibt noch einen zweiten Grund, warum heute immer mehr Menschen sehr schnell zu solchen Bildern kommen und auch durch Rückführung und verstärkt durch Meditation solche Erlebnisse haben. Der hängt damit zusammen, dass die Konstitution der Menschen sich verändert hat. Der physische Körper, dann der »Energiekörper«, wie man ihn nennen kann und der diesen belebend durchdringt, der ätherische Mensch also, und schließlich die Seele im und um den Menschen, das Ich, sind ja die vier Grundbestandteile des Menschen. Bis Mitte des Jahrhunderts war der ätherische Körper des Menschen und in gewisser Weise auch die Seele sehr fest eingefügt in die physische Gestalt. Deswegen haben die Menschen auch außerordentlich intelligente Gedanken hervorbringen können, denn sie haben sich mit diesem physischen Leib identifiziert. Es hat auch einen Sinn gehabt, dass wir dies in den letzten Jahrhunderten grundsätzlich getan haben, eine so intensive Verbindung mit dem physischen Körper und damit auch mit dem physischen Gehirn einzugehen. Das ermöglichte einerseits die Erforschung und die Entdeckung der Gesetzmäßigkeiten dieser physischen Welt, aber andererseits hatte das auch den Verlust der Glaubenswelt zur Folge, etwas, das übrigens auch Redfield beschreibt.

Wir stehen aber jetzt an einem Punkt, wo dieser ätherische Körper sich zum Teil wieder lockert. Er hebt sich heraus, und das sind die Momente, die ich vorhin geschildert habe: Stress-Situationen, Übermüdung, Furcht, Angst, Schocksituationen, ja Situationen an der Todesgrenze, ja sogar über sie hinüberführend. Sie bewirken von außen, dass man während eines solchen Ereignisses geistig anders konstituiert ist. Das heißt, man ist nicht mehr so, dass man jetzt fest »eingesackt« ist. Man steckt viel lockerer ineinander. Es ist ein gelockerter Zusammenhang zwischen Seele, ätherischem und physischem Leib. Und dieser ätherische Leib ist die Grundlage der Wahrnehmung dessen, was um uns herum an geistigen Wesen, an geistigen Kräften vorhanden ist.

Wir finden das auch in Redfields erstem Buch beschrieben: dass Menschen üben, jene Energie bei sich selbst zu spüren und sie in der Natur und bei anderen Menschen zu erleben. Das hängt unter anderem mit dem Herausheben dieses ätherischen Energiekörpers zusammen. Es ermöglicht ein ganz anderes Körpergefühl, ein leichtes und freudiges, ein Gefühl auch, getragen zu sein von den Schicksalereignissen oder anders gesagt: sich im Strome des Schicksals zu fühlen . Dies ist ein ganz anderes Gefühl, als wenn man ganz fest mit dem physischen Körper verbunden ist. Denn dann hat man im wesentlichen nur ein *äußeres* Form- und Schweregefühl des physisch-materiellen Leibes, der ja dem Tod unterworfen ist.

Wem solche Dinge begegnet sind durch Meditation oder andere Lebensereignisse, dass er also ein wenig herausgelupft worden ist – und zwar nicht nur mit seiner Seele, sondern auch bis in diesen ätherischen Körper –, der wird an die Möglichkeit herankommen, auch konkrete Schicksalserfahrungen schneller zu haben, d.h. sie werden ihm stärker und schneller ins Bewusstsein treten. Dies ist die veränderte Konstitution, von der Rudolf Steiner am Anfang des Jahrhunderts gesprochen hat und meinte, dass sie im Laufe des Jahrhunderts immer deutlicher werden würde. Sie ermöglicht es, dass die Menschen, die sich dessen bewusst werden, eben jene spirituelle Entwicklung leichter durchmachen können. Dieses Etwas-Herausgerücktsein ermöglicht auch leichter den Rückblick auf frühere Erdenleben, bzw. jenes Zurückschauen auf das, was wir vor der Geburt erlebt haben.

Solcher Art sind also die Wirkungen, und ich habe bereits einige Beispiele von Menschen genannt, die das erlebt haben. Bei Jenny Cockell war es außerordentlich bedrängend, es hat ihre ganzen Jugendjahre ausgefüllt und sie hat insofern keine richtige, »normale« Kindheit gehabt. Aber wenn ich sie mir heute anschaue, muss ich sagen, sie ist eine kraftvolle, interessante, geistvolle Persönlichkeit, die über das Wesen geistiger Dinge Bescheid weiß und Menschen auch Rede und Antwort stehen kann, die sie darüber befragen. Aber das ist nur auf Grund dieser mit viel Bemühen verarbeiteten Erfahrung möglich geworden. Sie ist ein Beispiel dafür, wie »natürlich« auftretende spirituelle Erlebnisse in das eigene Wesen aktiv integriert werden müssen.

Menschen dagegen, die nur Erlebnisse haben, aber sie nicht verarbeiten können und gewissermaßen darin hängen bleiben, sind dagegen schlechter dran. Eine mir bekannte Frau, die von spirituellen Erlebnissen bedrängt wird, begibt sich regelmäßig in die Nähe eines Kernkraftwerkes, weil radioaktive Strahlen diese Erlebnismöglichkeit dämpfen. So kann man es natürlich auch machen, aber es ist nicht gut.

Gewissheit, Täuschungen und Wirkungen

Nachdem wir jetzt einige Erfahrungen angeschaut haben und auch die Auslöser, die zu diesen Erfahrungen geführt haben, kann man jetzt natürlich die Frage stellen: Wodurch gelange ich denn zu der Gewissheit, dass das wirklich etwas mit meinem Leben, mit meiner heutigen Persönlichkeit zu tun hat, dass es nicht irgendwelche

aufgefangenen Erinnerungsbilder sind, die sich hineinschieben in ein herausgehobenes Bewusstsein durch Meditation, Tiefenentspannung usw.? Woher gewinne ich
die Gewissheit, dass es wirklich eines meiner früheren
Leben ist, was da als real und folgerichtig erscheinende
Bilderfolge vor mich hintritt?

Dies ist eine wichtige Frage. Es gibt Reinkarnationstherapeuten, die sagen: Wichtig ist, dass ein Mensch es so
erlebt und dass er geheilt werden kann. Ob dies jetzt
Träume sind oder ob es tatsächlich mit dem früheren Leben dieser Person zu tun hat, das ist zunächst nicht interessant. Wichtig ist, dass der Mensch glücklich ist, wenn er
das erlebt und dass die Sache in Ordnung kommt, die er
geheilt haben möchte. – Es sind zum Teil recht namhafte
und erfolgreiche Reinkarnationstherapeuten, die so denken. Diese Haltung finde ich nicht seriös.

Mir ist es ganz wichtig, ob dies wirklich etwas mit
meinem Leben zu tun hat. Denn wenn ich Träume habe,
wenn sich möglicherweise Erinnerungsfetzen herein-
schieben, und der Mensch in einer solchen Schau mit seinem geistigen Wesen herausgehoben ist in diese Seelenwelt, dann kann es passieren, dass sich irgendwelche
»Erinnerungsreste«, die von verstorbenen Menschen
stammen, in seine Seelenwelt hineinschieben. Dies können sehr deutliche Bilder sein, die auf diese Weise auftreten. Wenn ich jedoch nicht die Gewissheit habe, dass sie
wirklich etwas mit meinem Leben zu tun haben und ich
lebe dann ein Leben mit der Meinung, ich sei der Betreffende gewesen, dann wirkt sich dies gegenteilig aus: Ich
komme gar nicht an meine *eigene* tiefere Persönlichkeit
heran, sondern lebe nur in einer Art Illusion. Und das

hat Folgen. Im Moment vielleicht noch nicht so sehr, aber es hat Folgen für das, was dann nach dem Tode und in späteren Leben passiert. Ich bleibe ein Leben lang »zugedeckt« durch diesen Irrtum.

An dieser Stelle ist mir eine Frage besonders wichtig geworden, eine Frage, die R. Steiner sehr ausführlich behandelt. Er untersucht, was denn der Mensch eigentlich von einem Leben zum andern mitnimmt. Denn natürlich nehmen wir nicht das mit, was wir jetzt als Mensch in dieser Gestalt sind, es ist »angezogen« im wahren Sinne des Wortes, wie ein Kleid. Wir suchen uns den bestmöglichen bzw. den passendsten Körper heraus, wenn wir in ein neues Leben heruntersteigen wollen. Aber die Auswahl ist heute nicht so groß, und man muss dann das nehmen, was einem durch die Eltern als Erbmasse geboten wird. Man nimmt, um in dieser Zeit mitleben und mitarbeiten zu können, eben das was sich in dieser Zeit als Möglichkeiten bietet. Und deswegen sind auch die Schwierigkeiten so groß, dass man sich vielleicht schon von früher Jugend an nicht identifizieren kann mit dem äußeren Menschsein. Das ist *ein* Grund, warum heute gerade eine Differenz besteht zwischen dem Äußerlichen, Ererbten und dem, was man innerlich aus seinem früheren Leben mitbringt – ein weiterer Grund für das vorhin erzählte Erlebnis des Doppelmenschen. Es wird zumindest durch eine den mitgebrachten Eigenschaften *nicht* entsprechende Körperlichkeit verstärkt. Erkennt man den Sinn durch den Reinkarnationsgedanken, kann diese Tatsache ins Positive gewendet werden!

Menschen, die mit solchen Erfahrungen konfrontiert sind – und ich persönlich kenne viele –, haben es also nicht immer leicht. Sie werden auch von ihren Altersgenossen häufig nicht recht akzeptiert, weil diese nämlich merkwürdigerweise einen unterbewussten Sinn dafür haben, dass sie es mit einem besonderen Menschen bzw. mit einem Menschen mit einem besonderen Bewusstsein zu tun haben. Diese Verfassung fordert oft geradezu heraus, brutal und schlecht behandelt oder geärgert und gereizt zu werden. Die Kinder wissen dann selbst auch nicht warum. Aber es stellt sich dann später heraus, dass eben jenes Gespür, dass da etwas Besonderes mit dem Kind oder mit dem Jugendlichen vorliegt, der Anlaß war. Kurz und gut, diese »locker« konstituierten Menschen haben es nicht leicht.

Andererseits: bei Petra Angelika Peick hat es dazu geführt, dass sie sich intensiv mit diesen Phänomenen beschäftigt hat und nicht nur Psychologin, sondern esoterische Psychologin geworden ist. Diese Erfahrung des eigenen vergangenen Lebens hat ihr selbst eine solche innere Gewissheit und Kraft gegeben, dass sie *wusste*: Das ist wahr, das brauche ich nicht zu beweisen durch irgendwelche logisch-wissenschaftlichen Darlegungen. Ich weiß, dass es so ist.

Wenn man das bei sich selbst erfahren hat, ist auch der Sinn dafür geweckt, wie man bei anderen Menschen vorgehen kann, um bei ihnen diese verborgenen Dinge ans Tageslicht zu holen. – Ich habe vorhin gesagt: Allein schon die Wirkung dessen, dass man den Gedanken der Reinkarnation als etwas Reales denken kann, hilft zum Verständnis der Frage, warum man mit bestimmten Mitmenschen in eine bestimmte Situation kommt, ja vielleicht auch manche besonders intensiv liebt. Diese Liebe muss nicht immer erwidert werden, das ist das Merkwürdige. Aber es kann ein starker Drang da sein, einen Menschen kennenzulernen. Und, wie gesagt, es muss nicht unbedingt so sein, dass der andere das bemerkt oder erwidert, sondern es kann sogar sein, dass er es gar nicht bemerkt. Und daraus können dann recht dramatische und tragische Verwicklungen entstehen. Wenn man es verarbeitet, dann kann dies zu einer außerordentlichen Kräftigung führen, und zwar in dem Sinne, dass man wirklich sein Bewusstsein erweitert über das, was man zwischen Geburt und Tod ist: Man erlebt sich zwar ganz normal als physischer Mensch, aber eben so, dass man weiß: Das ist das *Gefäß*, es ist das Instrument, was man pflegen muss, mit dem man sich verbinden und das man geschickt machen muss, aber zu dem Ziel, wirklich dasjenige zu tun, zu leben, zu wirken und zu schaffen, was man sich in dieses Leben mitgebracht hat. Oft sind das zunächst Ideale, die man sich bewusst macht. Es sind nicht unbedingt gleich Schauungen, Visionen, sondern Ideale, in dem Sinne, dass man sich immer wieder fragen kann: Was ist denn eigentlich der Sinn des Lebens? Was ist mir am wichtigsten? Was ist das besondere Ziel, welches ich in diesem Leben verfolge und vertrete? Und das hängt mit Sicherheit zusammen mit dem, was man aus früheren Leben in dieses Leben mitgebracht hat.

Was nehmen wir mit von Leben zu Leben?

Zurück zur Frage, was bleibt. Dazu will ich eine Stelle von Rudolf Steiner zitieren, wo das recht lapidar geschildert ist[7]. Da sagt Rudolf Steiner: »Diese zwei Dinge, physischer Leib« – also das Eine, was wir *nicht* mitnehmen in das Leben nach dem Tod und in das nächste Leben, ist dieser physische Leib – »und abstrakte Gedanken, ja, geradezu wissenschaftliche Gedanken« – die sind nämlich an das physische Gehirn gebunden, die nehmen wir nicht mit. Trotzdem müssen wir wissenschaftlich denken lernen. Aber die Gedanken als solche, insofern sie abstrakt wissenschaftlich sind, auch die gehen verloren, die werden ausgelöscht, weil sie gehirngebunden sind. Die »kann der Mensch am allerwenigsten mitnehmen, wenn er durch die Pforte des Todes schreitet. Der Mensch nimmt gewissermaßen leicht mit Neigungen, Triebe, Begierden, wie sie sich herangebildet haben, insbesondere seine Gewohnheiten. Er nimmt auch mit, die Art und Natur seiner Willensimpulse, aber wie gesagt, am wenigsten seine Gedanken.«

Also wir nehmen nicht mit den physischen Leib, die abstrakten wissenschaftlichen Gedanken, aber eben Gefühle, Neigungen, Gewohnheiten, Willensimpulse. Diese Willensimpulse, die kann man durchaus entdecken, wenn man solche Erfahrungen macht, und dies gibt dann eine bestimmte Verifizierungsmöglichkeit, ob das Bild, was ich schaue – wenn es ein Bild ist –, mit mir persönlich etwas zu tun hat. Hierfür ist allerdings eine vorangehende Schulung in Selbsterkenntnis erforderlich, ohne welche die nachfolgend geschilderte Überprüfung nicht möglich ist.

Ich kann nun nämlich fragen, was für ein Willensimpuls, was für eine Neigung, was für einen Charakterzug denn dieses Wesen hat, was da im Bilde vor mich hingetreten ist durch eine solche Reinkarnationserfahrung. Und da wird man merken, dass das nicht ein nur bildhaftes Erlebnis ist, sondern es ist ein tiefes Gefühlserlebnis, wie wenn von einem selbst zu diesem geschauten Wesen ganz starke Gefühlsströme hin und her gehen, bei denen man aber ganz deutlich weiß: Diese Gestalt, die ich da vor mir sehe bzw. in der ich mich drinnen erlebe, hat genau jene Eigenschaften, Neigungen, auch Schwächen, die ich heute in mir selbst entdecke. Weil aber auf eine solche Beobachtung in den oft sehr schnellen Rückführungstherapien nicht immer geachtet wird, sondern wenn man während der Tiefenentspannung zu schnell, ohne vorangehende Schulung in die früheren Erdenleben hineingeführt wird, hat man meistens auch keine Übung darin, auf solche Dinge aufmerksam zu werden.

Deswegen läßt sich sagen: Der erste Schritt, wenn man sich für seine eigenen früheren Leben interessiert, ist also gewöhnliche Selbsterkenntnis, d.h. festzustellen, was für Charaktereigenschaften ich heute, in diesem Leben habe. Welche Neigungen, welche Gewohnheiten, Triebe, welche Willensimpulse habe ich heute? Dies ist ganz wichtig als allererster Schritt der Vorbereitung, um wirklich erfolgreich und mit einer gewissen Sicherheit dann einen solchen Rückerinnerungsweg zu gehen. Das heißt, man muss sehr wach auf die *Gefühle* achten. Denn alles, was ich denke, alle Gedanken sind *zunächst* von außen angenommen. Sie sind das Unpersönlichste. Wichtiger ist schon die Gedanken*art*. Aber was im Gefühl liegt, kommt aus einer tieferen Schicht des Menschen, und die *Willensimpulse*, die ich habe für dieses Leben, wurzeln noch tiefer.

Wir fragten: Was nimmt die Seele wirklich mit nach dem Tod? Und was bleibt davon im nächsten Leben? Wenn wir das untersuchen so entspricht das dem, was Menschen schildern, die über die Todesgrenze geschaut haben. Die Seele nimmt zunächst ihren ätherischen Leib mit, der alles Wissen und vor allem alles erlebte Wissen enthält, nicht das abstrakte, sondern das erlebte Wissen. Alle Gefühle, Erlebnisse, auch was wir mit anderen Menschen zu tun gehabt haben, nehmen wir zunächst mit, und es wird ein Extrakt daraus gezogen. Diesen Extrakt aus jenen Erlebnissen und den Willensimpulsen nimmt man in das nächste Leben mit und sucht sich dann den entsprechenden geeignetsten Leib und den Ort, wo man hofft, sich mit anderen Menschen wieder zu treffen, wo man weiß: Die habe ich schon kennengelernt vor der Geburt, die wollten mit mir zusammen in einer bestimmten Zeit, an einem bestimmten Ort zusammentreffen, gemeinsam etwas tun und etwas realisieren.

Deswegen spreche ich hier von »Schicksalsgruppen« (siehe Skizze 1, S. 168). Es gibt kleinere oder größere Schicksalsgruppen. Auch bei Redfield finden Sie einen speziellen Menschenzusammenhang, vereinfachend als »Seelengruppen« bezeichnet, die hinter den Menschen stehen. Das heißt für uns: Es wird jeder Mensch auf der Erde beobachtet von anderen Seelen, die noch nicht auf dieser Erde leben und die mit Spannung verfolgen, was wir selbst hier unten als Menschen tun. Ob wir eine äußerliche, materialistische Entwicklung durchmachen oder, falls wir es uns vorgenommen haben, eine spirituelle. Insofern ist auch schon das Denkenlernen der spirituellen Ereignisse, das Bilden einer spirituellen Menschen- und Menschheitsanschauung ganz wichtig. Nicht nur für uns ist es wichtig, sondern auch für jene Seelen, die erst vielleicht nach einiger Zeit sich auf die Erde begeben werden als unsere Kinder, als unsere Nachfolger. Mit diesen begleitenden Seelengruppen nehmen wir Beziehungen auf, und diese wiederum genießen es und schauen mit höherem Interesse auf uns Menschen herunter, wenn wir den Gedanken der Reinkarnation immerhin wenigstens denken.

Übungen zum Erkennen früherer Erdenleben

Wenn ich jetzt auf die konkreten Wege zum Erkennen früherer Erdenleben zu sprechen komme, so besteht die erste Übung, die in Betracht kommt, in folgendem: Man versucht, ein Bild seines ganzen Lebens zu machen. Schauen Sie auf die Ereignisse, die für ihr Leben prägend waren. Setzen Sie sich immer wieder mal hin – es geht nicht, wenn sie es nur einmal machen, sondern nehmen Sie sich immer wieder mal Zeit, meinetwegen zu Festzeiten, Ostern, Weihnachten usw., wo sie möglichst Ruhe haben, allein sind. Die ruhige, herausgehobene Stimmung ist ganz wichtig. – Versuchen Sie verschiedene Bilder zu machen über die wesentlichsten Etappen Ihres Lebens, so weit Sie kommen, rückwärts. Versuchen Sie es ganz präzise zu machen, seien Sie nicht zufrieden mit allgemeinen Gefühlen: »Da war doch was«. Sondern versuchen Sie, sich plastische Bilder Ihrer verschiedenen Lebensetappen zu machen bis in die Räumlichkeiten, bis in die Art, wie Sie Menschen erlebt haben. Bilden Sie deutliche Vorstellungen, wie Menschen angezogen waren, wie sie gekleidet waren, wie die Menschen gesprochen haben, welchen Stimmklang die Menschen haben. Versuchen Sie, das möglichst genau zu erinnern. Machen Sie einzelne Bilder. Es muss nicht kontinuierlich sein. Machen Sie in der Phantasie eine Reihe von solchen Bildern, wie eine Diareihe über die wesentlichsten Etappen Ihres Lebens.

Sie werden sehen, wenn Sie das machen – wie gesagt: machen Sie es rückwärts –, dass Sie in einen Strom hineinkommen, wo Sie das Gefühl haben: Immer war ich dabei, ich bin derjenige, der das alles war, ich bin derjenige, der das getan hat, aber ich bin auch derjenige, der das alles erlitten hat. Machen Sie sich möglichst deutlich, was Ihnen alles nicht nur an freudigen, sondern auch schmerzlichen Dingen widerfahren ist. Machen Sie sich vor allen Dingen ganz deutlich, welche Widerstände Sie im Leben erfahren haben, die Sie möglicherweise gezwungen haben, Ihre Lebensentschlüsse, Ihre Lebensweise zu ändern. Gerade wenn Sie sich die unangenehmen Momente deutlich machen, die schmerzhaften und vor allem die Widerstände, werden Sie merken, dass Sie sich ihres eigenen Wesens viel bewusster werden, als durch jene Ereignisse, wo Sie freudig und in Leichtigkeit dahingelebt haben. Allein durch das anschauende Ertragen gerade der leidvollen Lebensumstände gewinnen Sie Kraft. Denn gerade die im inneren Anschauen gewonnene Kraft ist Ich-Kraft!

Versuchen Sie zu unterscheiden in diesem Lebenspanorama: Was waren die freudigen Ereignisse – die lassen Sie stehen, die sind schön, die sind wichtig. Und jetzt suchen Sie die auf, wo es möglicherweise besonders schwierig war, wo Sie Ihr Leben durch äußere Umstände ändern mussten.

Jetzt haben Sie also schon zwei, drei Schritte gemacht. Sie haben zunächst einmal den Gedanken der Reinkarnation für möglich gehalten – den muss man ernsthaft für möglich halten, das ist ganz wichtig. Der Gedanke der Reinkarnation wird im Laufe des Lebens – allerdings nicht, wenn man das nur mal so dahindenkt –, wenn man ihn prüft, wenn er zum Lebensinhalt wird, in der nächsten Inkarnation zur Fähigkeit und Kraft, wirklich in ein vergangenes Leben hineinzuschauen. Also nicht der Gedanke als solcher bleibt erhalten, sondern die Kraft, die man an dem Bemühen entwickelt hat. – Die zweite Übung, der zweite Schritt ist diese Lebensrückschau, und der dritte Schritt ist, dass man unterscheidet die schönen, die freudigen und die schmerzlichen Ereignisse, die im Leben stattgefunden haben.

Wenn Sie das immer wieder machen, auch wenn sie noch gar nicht die Absicht haben, in ein früheres Leben zurückzuschauen, werden Sie sehr viel davon profitieren. Ihr Bewusstsein wird sich nämlich von einem momentanen Tagesbewusstsein aus erweitern, zumindest so, dass Sie viel stärker präsent haben, was Sie als Mensch eigentlich sind. Sie sind nicht nur das, was heute auf diesem Stuhl sitzt, mit dem, was Sie da gerade hören und sehen. Sie sind eigentlich ein viel größerer Mensch, nämlich ein Mensch, der ausgebreitet ist über diese 30, 40, 50 Jahre, die Sie gelebt haben. Das ist Ihre ganze in diesem Leben erscheinende, ringende, sich entwickelnde Persönlichkeit. Alles das haben Sie erlebt, haben Sie getan, all das gehört zu Ihnen. Und alles das, was Sie noch tun werden und tun wollen gehört auch dazu.

Das heißt, das erste Resultat ist die Ausdehnung des Bewusstseins, was ja normalerweise immer zusammenschrumpft auf den Moment, auf die Konfrontation mit einem gegenwärtigen Menschen oder mit einem Ereignis. Sie müssen sich ausgedehnt denken über dieses ganze Leben, dann wird Ihnen u.U. auch das, was Ihnen im Moment besonders wichtig erscheint,in einem anderen Licht, vielleicht auch unbedeutend und nichtig erscheinen. Allein das ist schon eine enorme Hilfe zur Selbst- und Sinnfindung.

Dann kommt der vierte Schritt. Sie sagen sich: Ich nehme mir ein bestimmtes Ereignis vor. Ich schaue mir an, wo mich ein Mensch oder bestimmte Menschen angegriffen haben, mir Leid zugefügt haben, und diese Menschen haben mich zu dem gemacht, was ich heute bin, indem sie mich stärker gemacht haben. Ich wäre das nicht, wenn diese Menschen nicht in mein Leben getreten wären und mich herausgefordert hätten, ihnen Widerstand zu leisten. Man muss so weit gehen, dass man diese Situation und diese Menschen so anschaut, dass man sich sagt: Ich habe das gewollt. – Sie können das bei Thorwald Dethlefsen finden als Vorübung, sie können das bei Rudolf Steiner finden: Ich muss das, was ich eigentlich in meinem Leben nicht gewollt habe, weil es so unangenehm und schmerzlich war, ich muss das umdrehen und sagen: Ich habe das gewollt. Ich habe aus einer vorgeburtlichen Sicht mir diese Menschen herangeholt, damit sie mir gegenübertreten und mich so und so behandeln, dass ich stärker werde, dass ich bestimmte Auseinandersetzungen durchmache und daran reife. Und das ist in der Tat schwer, besonders wenn Sie ein sehr leidvolles Leben gehabt haben. Solche Menschen gibt es, die das instinktiv getan haben, die sagen: Ich bin dankbar für diese unendlich vielen Schwierigkeiten, die ich in meinem Leben habe durchmachen müssen, denn ohne die wäre ich nicht der, der ich bin oder wäre nicht die, die ich bin. Also Sie müssen das innerlich so anschauen und sagen: Ich habe das gewollt!

Ich möchte noch einen Schritt weitergehen: Sie müssen eigentlich die Menschen, die Ihnen Leid zugefügt haben, lieben. Das klingt jetzt vielleicht paradox. Aber es ist wirklich so. Und da bekommt dieser Satz des Christus eine ganz andere Bedeutung: »Liebet eure Feinde und tuet wohl, denen, die euch hassen«. Darin steckt eine ungeheure Wirkung, wenn Sie das meditieren, wenn Sie das versuchen. Sie müssen es nicht gleich den gegenwärtigen Zeitgenossen gegenüber schaffen. Aber wenn Sie es der Vergangenheit gegenüber tun, das, was Ihnen Leid zugefügt hat, diese Menschen zu lieben, wenigstens im Rückblick, dann kommen Sie gleichsam mit Ihrer Seele auf die »andere Seite« der Menschen, mit denen sie sich hier übungsweise konfrontiert haben.

Das gelingt natürlich nicht auf Anhieb. Ich kenne Menschen, die haben lange gebraucht, die haben es immer wieder angegangen, sie haben berichtet, dass es so schlimm war, so furchtbar, dass sie es nicht schafften. Und trotzdem ist die Übungsrichtung auf jeden Fall die, dass man sich sagt: Ich habe es gewollt, ich habe das eigentlich aus einer höheren Sicht so arrangiert, dass mir das geschieht, damit ich zu dem Menschen geworden bin, der ich heute bin.

Und damit bekommen Sie, sozusagen auf einer fünften Stufe, einen ganz anderen Blick auf dieses Leben. Dann entdecken die Menschen, die ein freudiges, glückliches und leichtes Leben gehabt haben, möglicherweise, dass sie sich weniger verändert haben als gerade diejenigen, die ein leidvolles Leben mit vielen Schwierigkeiten durchmachen mussten. – Was ich jetzt geschildert habe, führt anfänglich auf jeden Fall dazu, dass Sie sich innerlich seelisch darauf vorbereiten, das, was Ihnen aus früheren Leben vielleicht als Bild auftauchen wird, auch aushalten zu können.

Diese Vorübungen, diese Vorstufen finden nicht statt bei einer Rückführung durch einen Therapeuten. Sondern der managt das, der steuert das so, wenn Sie in Erlebnissituationen hineinkommen, wo im früheren Leben hochemotionale Situationen auftreten, dass er Sie dann beruhigt und Ihnen das quasi absuggeriert.

Aber dieser Übungsweg, den ich hier anfänglich beschrieben habe, geht umgekehrt vor: Ich mache mich erst einmal innerlich stark anhand der Ereignisse dieses Lebens, um innere Kraft, Mut und Reife zu gewinnen, um dann auch das auszuhalten, was in früheren Erdenleben mit mir geschehen ist oder was ich da getan habe. Denn diese Erfahrungen sind nicht immer nur angenehm.

Nun gibt es von Rudolf Steiner die sogenannte »Drei-tageübung«: Ich mache mir immer wieder, über drei Tage und Nächte hinweg, das Bild einer Situation, die besonders schwierig war. Am nächsten Morgen, wenn ich aufwache – nachdem ich mit diesem Bild durch die Nacht gegangen bin – merke ich vielleicht: Es hat sich verändert, es ist ein bestimmtes Gefühl dabei entstanden. In der zweiten Nacht verdichtet sich das Gefühl nochmals, und in der dritten Nacht wieder, so dass ich dann am dritten Morgen eine besonders starke Verdichtung dieses Gefühls erleben kann. Aber es ist dann ein verwandeltes Gefühl, was ich mir von dieser Situation gemacht hatte, von jenen Menschen, die mich im Leben gepeinigt und verletzt haben. Ich habe also plötzlich nicht mehr das äußere Bild, sondern zunächst nur ein starkes, komprimiertes Gefühl. Und ich kann jetzt ganz deutlich erleben, wie aus diesem Gefühl »herausspringt« – das ist ein wunderbarer Verwandlungsprozess – ein Bild, was nun mit den Menschen, die ich in diesem Leben kennengelernt habe, in einem früheren Leben stattgefunden hat. Das ist dann das Bild eines früheren Lebens oder einer bestimmten Szene daraus.

Wenn ich nun die Frage stelle, woran ich denn erkennen kann, dass diese Gestalt und die anderen Menschen, die ich sehe, mit mir zu tun haben, so dient eben genau dazu die Erkenntnis meines Wesens aus *diesem* Leben. Also das, was wir die gewöhnliche Art der Selbsterkenntnis nennen, nämlich zu wissen, was ich für Neigungen habe in diesem Leben usw. Dass ich mir dann im

Aufarbeiten dieses Erlebnisses diese Gestalt anschaue, von der ich meine, das sei ich gewesen, und Eigenschaften entdecke, von denen ich dann sage: Ja, die hast du heute auch. Und ich entdecke, dass sie damals schon in dieser Gestalt dagewesen sind, dass sie sich aber in einer ganz anderen Situation abgespielt und geäußert haben.

Kriterien durch Erfahrung

Um das an einem konkreten Beispiel zu verdeutlichen, darf ich an dieser Stelle eine persönliche Erfahrung schildern. Ich habe mir einmal eine Situation vorgenommen, die ich als Junge erlebte. Ich war damals mit einigen jungen Leuten konfrontiert, ungefähr mit 12, 13 Jahren, die mich ständig verfolgt und geärgert haben. Und ich habe mir gesagt: Diese Situation nimmst du dir in der geschilderten Weise vor. Vielleicht hast du mit denen einmal etwas zu tun gehabt. Ich habe dann diese Übung gemacht, die ich jetzt gerade ein bisschen verkürzt geschildert habe. Ich habe das mehrmals angehen müssen, es ist nicht beim ersten Mal gelungen. Rudolf Steiner sagt mit Recht, dass es ein schwieriger Weg ist, ein strenger Weg, man muss wirklich arbeiten. Es gelingt also nicht beim ersten, zweiten, dritten Mal, man muss es vielleicht fünfzig Mal machen. Aber es ist billiger, als ein Reinkarnationstherapeut. Der arbeitet dann für Sie, aber den müssen Sie bezahlen. Hier haben Sie es umsonst, aber *Sie* müssen arbeiten. Doch Sie haben dann auch den Gewinn aus dieser Arbeit.

Nun, nach einigen Malen ist es mir in der Tat geglückt, und das Spannende ist, dass ich wirklich praktisch verfolgen konnte, was hier zunächst theoretisch geschildert wird. Ich musste in der Rückerinnerung, indem ich mich auf dieses Leben konzentrierte, an das Gefühl herangehen, das ich im Zusammenhang mit dieser Menschengruppe, mit dieser Kindergruppe hatte, das negative Gefühl des dauernden Verfolgtwerdens, Geärgertwerdens, Verletztwerdens usw. Ich musste in dieses Gefühl durch das deutliche Bild der Umgebung hinein, musste mir das Klassenzimmer in allen Einzelheiten ganz deutlich vorstellen usw. Das funktioniert tatsächlich, aber es muss wirklich auch bis in das Gefühl hineingehen, wie man sich damals in diesem Alter erlebt hat, das ist ganz entscheidend. Und dann verwandelt sich über diese drei Tage und Nächte hin dieses Gefühl. Und dieses Gefühl gebiert jetzt quasi aus sich heraus dieses Bild eines früheren Lebens. Es ist schwer zu beschreiben, aber das ist ein Verwandlungsprozess, den man innerlich so verfolgt, dass man genau weiß, dass es stimmt, weil man innerlich die Gesetzmäßigkeiten der Verwandlung verfolgen kann.

Das ist also nicht etwas, das schlagartig auftritt, sondern es tritt langsam, mit keiner großen Geschwindigkeit auf; es tritt so auf, dass man es mitvollziehen kann. Und man kann dann sagen: Da ist der, der du heute bist, der erscheint in der Gestalt, die du damals im 14. oder 15. Jahrhundert gewesen bist in einer kleinen Stadt mit einer wunderschönen Kathedrale, wo du da als Alchemist gesessen hast. Dein Handwerk, dein normales Handwerk, war das eines Wagenbauers, und du hast erlebt, wie diese Stadt im Zerfall gewesen ist. Du hast erlebt, wie an einer Stelle ein bestimmter Wagen zugeschüttet worden ist, und du hast dir gedacht, ja, der gehört doch niemandem, dieser Wagen, also nimmst du ihn und machst ihn wieder brauchbar. Dann bin ich hinabgelaufen und habe diesen Wagen holen wollen, um ihn wieder in Ordnung zu bringen. Das haben andere Leute gesehen und haben mich als Dieb verfolgt. Ich bin in die Kathedrale dieser Stadt geflüchtet. Und die Angstsituation, die ich damals hatte, diese Flucht, dieses Verfolgtwerden und die Angst, vielleicht getötet zu werden, das hat mich in eine Vision hineingebracht. Es war eine sehr reale Vision, dass diese dem Zerfall entgegengehende Stadt viel stärker gefährdet war, als nur durch die physische Zerstörung. Sie war nämlich in Gefahr, von der Pest befallen zu werden. Ich hatte eine Vision in dieser Kathedrale, dass die Pest und der Tod mir als geistig reale Gestalten entgegentraten und mich warnten. Die Menschen dieser Stadt waren also bedroht. Ich bin umgekehrt, bin diesen Menschen jetzt entgegengelaufen und habe gesagt: Leute, hütet Euch, die Pest kommt! Das hat sie furchtbar wütend gemacht, und jetzt haben sie mich erst recht verfolgt. Sie wollten das nicht hören. Und ich bin dann in meiner Todesangst wieder geflüchtet, in eine Abtei, die in der Nähe dieser Kathedrale gewesen ist. Dort habe ich dann einen Menschen getroffen, das war wohl der Abt, der sagte: Hier kannst du in Ruhe arbeiten, hier schütze ich dich, du wirst nicht verfolgt werden. Doch ich sagte, man müsse trotzdem den Menschen helfen. Ich habe mich darum nicht irritieren lassen, sondern habe mir gesagt: Du musst ein Mittel finden, was rechtzeitig da ist, damit die Menschen etwas gegen die Pest haben. Ich habe mich dann hingesetzt, mit den Mitteln, die man eben damals hatte, und habe versucht, Kohle zu stoßen, ein bestimmes Präparat anzurühren, was zur Verfügung stehen sollte, wenn dann die Menschen von der Pest befallen sein würden.

Das war also die Situation. Ich erlebte mich *in* diesem Menschen, den ich als Wagenbauer und Alchemisten bezeichne. Der hatte nun, wenn ich ihn im Rückblick auf diese Erfahrung angeschaut habe, genau jene Eigenschaften oder viele Eigenschaften, die ich auch heute in mir entdecken kann. Zum Beispiel, dass ich Dinge, die kaputtgehen, nicht ertragen kann. Ich halte es nicht aus, wenn sie kaputtgehen, sondern ich muss etwas damit machen. Ich habe einen starken Trieb, etwas wieder heil zu machen, es in Ordnung zu bringen. Und wenn ich sehe, es gehört niemanden oder es ist herrenlos, dann gehe ich einfach das Risiko ein, es zu nehmen. Es kann dann durchaus sein, dass dann jemand kommt und sagt: Das gehört aber mir, das geht dich nichts an … – Das ist also eine bestimmte Eigenschaft von mir, und ich bin schon manchmal in Konflikt geraten dadurch.

Ich bin außerdem ein Mensch, der auch in Bezug auf die Zukunft bestimmte Ideen und Vorstellungen hat. Ich weiß, dass bestimmte Dinge sich ereignen werden, die krisenartig sind, die eine Bedrohung für die Menschen sind. Das ist also etwas, was ich auch in der jetzigen Zeit wieder erlebe, dass ich gewisse Ereignisse schon vorausahne auch in diesem jetzigen Leben, und deswegen habe ich mir die Aufgabe gestellt, Menschen auf die Zukunft hin zu lenken mit ihrer Aufmerksamkeit und insbesondere auch auf die schwierigen Dinge, die eintreten werden. Wir sind mittendrin. Die Zeiten werden noch schwieriger werden. Und auch in diesem Leben habe ich *wieder* erlebt, dass ich von Menschen beschimpft und verfolgt worden bin, weil sie sagen: Du malst immer das Böse, das Hässliche und das Bedrohliche an die Wand. Sie haben mich zwar nicht physisch verfolgt, aber ich habe durchaus erleben müssen, dass die Menschen das nicht hören wollen. Ich kenne heute ganz ähnliche Situationen, wie ich sie in dieser zurückliegenden Inkarnation erlebt habe.

Diese zwei Dinge wollte ich anhand des Beispiels herausgreifen, die ich als Charaktereigenschaften, als Neigungen geschildert habe; Dinge, von denen Rudolf Steiner sagt, die nimmt man mit. Man kann zwar an ihnen arbeiten, man kann sie reinigen, man kann sie veredeln, aber es sind einfach tief im Menschen sitzende Gewohnheiten und Willensimpulse, die man mitbringt. Und es ist wichtig, dass man eben in der normalen Selbsterkenntnis sich mit diesen Eigenschaften vertraut macht. Solche Eigenschaften wird jeder bei sich finden, und man wird auch entdecken, dass sie bei einem selbst anders sind, als bei anderen Menschen. Und wenn man dann in eine solche Karmaübung hineingeht, wird man die Möglichkeit haben, zu sehen, ob diese Gestalt, die da vor einem auftaucht, eine Verwandtschaft mit dem hat, was man innerlich erlebt. Das ist dann kein logisches Schlussfolgern, sondern es ist ein inneres Wissen, ein unmittelbares, intuitives Durchschauen des Zusammenhangs. Dieses Wissen habe ich auch bei anderen Menschen erlebt, wie z. B. Jenny Cockell, Stefan von Jankowitsch, Angelika Peick, wenn sie darüber gesprochen haben. Man erwirbt durch die eigene Erfahrung, insofern man sie geistig durchschaut, einen Sinn dafür, aus welcher Schicht einer spricht. Ob und wie das, was er oder sie erzählt, eben wirklich mit diesem Menschen, der da heute vor einem sitzt, zu tun hat.

Das Erstaunliche ist ferner, dass man auch ein Zeitgefühl hat, dass ich also ungefähr weiß: Das war so etwa im 14., 15. Jahrhundert. Ich kann dann nachsehen: Wann war die Pest? Und dann findet man eben bei den großen Zeiten der Pest, dass das auch damit übereingestimmt hat und dass die Kleidung der Menschen, die Bauwerke usw. ähnlich waren. Und man erlebt außerdem, dass man auch heute, selbst wenn man solche Bilder nicht hat, an Orte kommen kann, die einem etwas sagen, die von außen etwas hervorrufen – das muss gar nicht unbedingt in Stress-Situationen, Angstsituationen passieren –, sondern sie rufen in einem gefühlsmäßig den Eindruck hervor: Nicht nur die Menschen, die damals lebten, kennst du, sondern du kennst diesen Ort, du hast mit diesem Ort etwas zu tun. So haben es solche Erfahrungen an sich, dass man nicht nur ein ziemlich sicheres Zeitgefühl hat, wann das ungefähr war, sondern dass man auch eine Art Wiedererkennen in Bezug auf bestimmte Orte erlebt.

Folgen für das praktische Leben

Die Wirkung eines solchen Weges, wenn man ihn auf diese Weise geht, liegt darin, dass er, insbesondere nach der zuvor geübten Lebensüberschau, eine außerordentlich stärkende Wirkung für das Selbstbewusstsein hat –

das Erlebnis zu wissen, was man ist, was man kann und was man nicht kann. Es ist dann so, wie wenn plötzlich dieses Kraftgefühl, was man dadurch hat, sagt: Du hast dieses Leben gelebt, du hast die schwierigen Situationen durchgestanden! Das gibt schon eine zusätzliche Kraft, insbesondere, wenn man sein Bewusstsein nicht nur auf den heutigen Tag zusammenschrumpfen läßt, sondern dieses Ausgeweitetsein, dieses Gefühl des Ausgeweitetseins über mehrere Leben, zumindest dieses eine sehr deutliche Leben entwickelt.

Das hat zur Folge, dass man ein ganz anderes Ich-Kraftgefühl hat. Ich kann es nicht anders beschreiben denn als ein Kraftgefühl, eine Sicherheit, dass eben Reinkarnation nicht irgendein Gedanke oder etwas Ausgedachtes ist, was man logisch sich zurechtlegen kann. Auch nicht nur eine Gefühlssache, sondern man weiß, dass das wirklich eine absolut reale Sache ist. Ja, das Eigenartige ist, dass man das sogar als realer erlebt, als das, was man an Erinnerung aus diesem Leben hat! Es ist viel, viel realer und den Menschen von innen kräftigender. Ich persönlich habe mich innerlich noch nie so kräftig gefühlt, wie in diesem Augenblick bzw. nach dieser Erfahrung. Man kann sich, wenn man dann einmal in diese Verfassung, in diese Fähigkeit hereinkommt, auch andere Menschen vornehmen und fragen, was diese Menschen in einem früheren Leben mit einem zu tun gehabt haben. Man fragt gar nicht so genau, was man selbst in einem früheren Leben war, sondern man beschäftigt sich in dieser Art auch mit anderen Menschen.

Nun, meine Tätigkeit hat dazu geführt, dass ich das nicht so systematisch weiterführen konnte. Heute ist mein Arbeitsbereich ein anderer, aber es ist für mich wichtig geblieben. Ich meine, dass ich sagen kann: Ich glaube nicht an die Reinkarnation, sondern sie ist für mich genauso real wie die Tatsache, dass ich hier physisch vor Ihnen stehe – was nicht heißt, dass ich nicht auch immer wieder Situationen der Ängstigung habe. Aber man kommt in eine andere Schicht seines Wesens herein, und wenn man die einmal erreicht hat, dann ist sie einem nicht so schnell wieder zu nehmen.

Und jetzt mache ich den Sprung zurück zu dem, was von James Redfield in folgender Weise geschildert wird: »Wenn jeder Mensch das schafft, auch wenn man untereinander ehrlich ist, seine Gefühle und seine Schwierigkeiten miteinander aufarbeitet, dann gibt das auch einer ganzen Gruppe eine solche Kraft, dass sie möglicherweise in gemeinsame frühere Inkarnationen hineinschauen kann, wenn sie den Mut hat, sich auch darüber austauscht und dadurch in eine andere Verbindung auch zu der seelischen Welt kommen kann, wo andere geistige Wesen auf die Menschenwelt herunterschauen und warten, dass wir eine solche spirituelle Enwicklung durchmachen und dadurch auch Kräfte entwickeln, die eben in die aufsteigende Linie gehen«.

Und auf den anderen Aspekt dieser Entwicklung hindeutend sagt dann Rudolf Steiner etwas, was hier abschließend zitiert werden soll, um Sie zu ermutigen, sich mit solchen Dingen zu beschäftigen: »Menschen, die den Gedanken der Reinkarnation denken, die werden aber im nächsten Leben zu der Anschauung kommen können, dass sie ein Organ haben, dieses Erlebnis der vergangenen Erdenleben zu haben. Aber wenn sie den Gedanken nicht gedacht haben, dann wird das in ihrer Seele eine tiefe Unruhe hervorrufen, und es wird zur Lebensleerheit, zur Aushöhlung führen und sie werden nicht wissen, warum. Denn eigentlich ist in ihrer Seele die Sache so veranlagt: Wenn sie im vergangenen Leben den Gedanken der Reinkarnation gedacht haben, dass sie im kommenden Leben auch Bilder des vergangenen Lebens haben müssten, und die Tatsache, dass sie den Gedanken nicht gedacht haben, hat bei ihnen nicht das Organ so ausgebildet in ihrer geistigen Wesenheit, dass sie das können. Und trotzdem wird ein Gefühl da sein, dass sie eigentlich etwas darüber wissen müssten, und das wird eine tiefe Unruhe in ihnen hervorrufen.«

Das sind die beiden Möglichkeiten. Der Gedanke der Reinkarnation in einem Leben wird im nächsten Leben zur Kraft, wirklich auf ein solches zurückzuschauen. Umgekehrt ausgedrückt: Ein Mensch, der das nicht schafft, sich mit diesem Gedanken so vertraut zu machen, dass er für ihn durch Übungen oder einfach durch die Beschäftigung damit so real wird, dass er zum Lebensinhalt wird, der muss damit rechnen, dass er im nächsten Leben in jene Lebensleere, in jene Lebensbeklemmung, in jenes Gefühl der Öde hineinkommt, von dem er nicht weiß, wo es herkommt. Aber wir können dem vorbeugen. Das ist auch das Anliegen von James Redfield, wenn er sagt: Wir müssen die Zukunft denken, auch wenn wir sie noch nicht erleben. Wir müssen sie denken! Dazu gehört auch der Gedanke der Reinkarnation und alle die Dinge, die sowohl mit dem Vorgeburtlichen zu tun haben wie mit dem Nachtodlichen und mit der gesamten Menschheitsentwicklung.

Das ist die Aufgabe, in der wir heute drinstehen, die Redfield in seinen Romanen die »globale Vision« nennt und zu der Rudolf Steiner bereits am Anfang des Jahrhunderts den geisteswissenschaftlichen Grund gelegt hat.

Das Leben zwischen den Leben.
Die Lebensvorschau und
das Rätsel des Vergessens

Immer mehr Menschen ahnen die Geistwelt

Das Thema »Das Leben zwischen den Leben« und solche Fragen wie die der Lebensvorschau, das Rätsel des Vergessens, Erinnerungskraft und Lebensrealität – das sind Dinge, die viele Menschen bewegen. Auch wenn wir uns ehrlicherweise gestehen, dass eine große Zahl von Menschen, die auf dieser Erde heute leben, noch in einer sehr materialistischen Anschauung des Lebens begriffen sind und meinen, dass nur das wirklich ist, was sie mit ihren physischen Sinnen sehen. Sie leben in der Anschauung, dass dieser physische Leib das Einzige ist, was real ist, dass er durch Zufall im Laufe der Evolution entstanden ist und dann am Ende des Lebens wieder in Staub zerfällt.

Aber es gibt doch immer mehr Menschen, denen das nicht genügt. Sie fragen: Bin ich nicht *mehr*? Ob das durch Lebenskrisen kommt oder ob sie an die Grenze des Todes gelangen und dadurch das ganz reale Erlebnis haben, dass sie eben nicht identisch sind mit diesem physischen Körper, sondern dass das ein Instrument ist, ein wunderbares Instrument: Dieser wunderbare Körper macht es möglich, in dieser physisch-sinnlichen Welt alles zu sehen, wahrzunehmen und eben auch die Erde zu gestalten. Aber wir sind nicht *identisch* mit diesem physischen Leib. Es werden immer mehr Menschen, denen das klar wird, die das zumindest ahnen.

Wir haben in den letzten Jahrzehnten zunehmend sehen können, wie solche Menschen sich dessen bewusst wurden und miteinander in Verbindung getreten sind. Es ist eine unüberschaubare Zahl von Schriften erschienen, in denen das geschildert wird und Wege beschrieben werden, wie man – auch ohne an die Grenze des Todes zu kommen – durchaus zu Erfahrungen gelangt, wo der Mensch sich dieses inneren geistig-seelischen Wesens bewusst wird. Wo er sich bewusst wird, dass er eine Verbindung zu einer realen geistig-seelischen Welt hat. Wir kommen in eine Zeit hinein, in der sich das immer stärker bemerkbar macht. Die Menschen mit solchen Erfahrungen werden zahlreicher, sie machen sich auch geltend, sie begründen daraus auch neue Lebensformen. Sie treffen allerdings auch auf Menschen, die das absolut nicht wahrhaben wollen, sondern die erschrocken sind, dass das so ist. Diese werden dann möglicherweise zu Gegnern einer solchen über das Physische hinausgehenden spirituellen Anschauung. Wir werden in den nächsten Jahren erleben, dass eine immer heftigere und durchaus auch bösartige Gegnerschaft von Menschen auftritt, die vor diesem geistigen Erwachen anderer Menschen Angst haben. Menschen, die selber geistige Erfahrungen gemacht haben, die vielleicht ein Nah-Todeserlebnis gehabt haben, wissen, dass allein die Erzählung dessen, was sie erlebt haben, in anderen Menschen Furcht erzeugen kann. Wenn sich das ausbreiten sollte, dass die Zahl der Menschen immer größer wird, die solche Erlebnisse anderer Menschen nicht nur glauben oder nur gedacht haben, sondern für die das real ist und durch welche das für andere Menschen auch erlebbar wird, so wird auch eine immer größere Zahl von Menschen verunsichert! Und aus dieser Verunsicherung heraus – wenn die Betreffenden sich damit nicht wirklich ehrlich auseinandersetzen wollen, das Unbekannte einmal zu denken – wird dann eine Spaltung entstehen. Und diese Spaltung wird zu Kämpfen der Menschen untereinander führen. Ich will das nur vorausschicken, weil wir in einer Zeit stehen, die eine Art Entscheidungszeit ist, in der jeder vor solche Fragen gestellt wird, eine Zeit, in der Menschen, die selbst nicht direkt davon betroffen sind, aber mit solchen Menschen zusammenleben und ihnen begegnen werden, sich *auch* entscheiden müssen: Akzeptieren sie diese geistigen Erfahrungen als eine erweiterte, über das Physische hinausgehende Realität oder nicht?

Ein Roman als soziologisches Phänomen – und als Zeugnis des geistigen Umbruchs

Wir erlebten am Anfang des Jahrhunderts die Begründung der anthroposophischen Geisteswissenschaft, aus der die entsprechenden Institutionen hervorgegangen sind – Schulen, eine neue Pädagogik, Medizin, Pharmakologie, Landwirtschaft –, hinter der ja das steht, was an realer Geistigkeit in der Welt ist und die dafür erforderliche Erkenntnis. Aber sie ist nicht allein geblieben, sondern wir haben heute eine Fülle von *Erfahrungen*, die auch aufgeschrieben wurden und in Buchform veröffentlicht vorliegen. Worauf ich mich zunächst noch einmal ein wenig beziehen möchte, sind jene zwei Bücher, die viele von Ihnen sicher kennen und gelesen haben, »Die Prophezeiungen von Celestine« und die »Zehnte Prophezeiung von Celestine« von James Redfield. Daraus möchte ich etwas Besonderes aufgreifen, was eng mit dem eingangs erwähnten Problem zu tun hat, nämlich die Frage: Warum vergessen wir denn das, was wir eigentlich in dieser geistigen jenseitigen Welt schon einmal gewusst haben? Warum bleibt vielleicht nur eine Art Ahnung übrig, dass es eine solche geistige Welt gibt, aus der sich alle ursprüngliche Religiosität speist und aus der auch das religiöse Streben wieder deutlich angeregt wird?

Ich greife das auf, weil es Millionen von Menschen bewegt. Es ist auf jeden Fall ein soziologisches Phänomen! Sie sehen also, wir haben nicht nur eine Geisteswissenschaft, wir haben nicht nur eine umfangreiche Literatur über geistige Erfahrungen, sondern sie werden jetzt auch künstlerisch verarbeitet. Das ist an sich nichts Neues, auch Rudolf Steiner hat diese geistigen Tatsachen in seinen vier sogenannten »Mysteriendramen« verarbeitet. Hier handelt es sich um etwas Ähnliches: Es wird in einer sehr einfachen, spannenden Form, kompakt zusammengefasst, es werden vor die Menschen vielfältige spirituelle Erfahrungen hingestellt, die für Viele heute schon Realität sind.

Derjenige, der den geistigen Führer der Menschengruppe in diesen Romanen verkörpert, ist in der Lage, auch von der jenseitigen in die diesseitige Welt hin- und herzuwechseln, und er bringt jetzt den Helden dieser

Geschichte dazu, dass er auch hineinschaut in die Welt, wo die Seelen der Verstorbenen bestimmte Erfahrungen durchmachen. Das geht so weit, dass er diese Persönlichkeit auch teilnehmen lässt an dem Moment, wo eine bestimmte Seele wieder heruntersteigt zu einer neuen Geburt. Sie finden da in Romanform im Grunde die beiden großen Tatsachen bildhaft geschildert, die das Leben umrahmen: Tod und Geburt. Also nicht die Reihenfolge, die wir sonst immer nennen, Geburt und Tod – das ist das Übliche –, sondern umgekehrt: Tod und Geburt. Da entsteht eine Frage: Warum so herum, und was liegt dazwischen?

Da wird geschildert, wie in diesen beiden, Wil und seinem Freund, ein Bild entsteht von Maya, einer Ärztin, die einst umringt war von einer bestimmten Gruppe von Menschen. Im Zurückschauen auf das gelebte Leben betrachtet sie ihre Lebenszeit und erkennt in Sekundenschnelle, wie aussichtslos ihr Kampf gewesen war, den sie im letzten Leben geführt hatte: Die Zeit war noch nicht reif gewesen. Sie hat in der Lebensrückschau die Erfahrung, dass sie im letzten Leben, im letzten Jahrhundert etwas probiert hat, was damals noch nicht möglich war zu realisieren. Es bleibt etwas übrig, etwas unerfüllt, etwas unerledigt. Das ist auch geisteswissenschaftlich gesehen eine ganz wichtige Tatsache.

Es wird dann weiter geschildert, wie Maya, die zu dieser Gruppe von sieben Menschen gehört, die sich da zusammenfinden, um die Zukunft vorzubereiten, sich für eine neue Inkarnation vorbereitet. Wir erfahren, wie sie sich, bevor sie geboren wird, vorgenommen hat, diesmal langsamer voranzuschreiten, isolierter zu leben, die von ihrer Mutter geschaffene Atmosphäre auch zu genießen und sie als Hintergrund für ihr Leben zu nutzen. In diesem Lebens*vorblick* beginnt Maya sich vorzustellen, wie ihre Beziehung zu der Mutter sich entfalten könnte während des Heranwachsens. Dann erweitert sich Mayas vorgeburtliche Vision auf dieses neue Leben, in einem Maße, dass das Folgende – so wird es hier geschildert – das Fassungsvermögen der Miterlebenden übersteigt. Ihre Körperform, ihre geistige Körperform vereint sich immer mehr mit dem blendenden Licht, das in dieser Welt vorhanden war. »Ich bekam nur noch mit, dass Mayas Vorschau auf das, was ihr persönlich möglich war, in einer weitaus größeren Vision aufging, in der die gesamte Entwicklungsgeschichte der Menschheit enthalten war. Es war, als betrachtete sie ihre Wiedergeburt im tiefstmöglichen Zusammenhang, eingebettet in die Gesamtheit der menschlichen Vergangenheit und ihrer zukünftigen Entwicklung. Alle diese Dinge teilten sich mir in Form von Gefühlen mit, denn ich sah keine klar umrissenen Belange.« (*Die Zehnte Prophezeiung von Celestine*)

Wenn wir das geisteswissenschaftlich anschauen, zeigt sich, dass diese Art des Erlebens exakt geschildert ist, getreu nach den Erfahrungen der Menschen, die das berichtet haben. Denn Redfield ist auch Forscher. Als Jugendpsychologe hat er viele Jahre Menschen kennengelernt und deren Erfahrungen aufgeschrieben, bearbeitet und hat sie dann in diese beiden Romane hineinverwoben. – Nun geschieht das Rätselhafte, was eben auch bei den Personen dieses Romans geschildert wird, dass sie ihre Kindheit durchmachen, sich als Erwachsene dann wiederfinden, aber vergessen haben, was sie sich in dieser vorgeburtlichen Phase für dieses Leben vorgenommen haben. Sie sind hineingeworfen in dieses Leben, in die ganze Problematik, in den Kampf dieses Jahrhunderts mit dem Bemühen, die Spiritualität wieder zu entdecken. Prophezeiungen, die ihnen die Zukunft aufschließen, wollen sie kennen und anwenden lernen. Sie gehen auf die Suche nach diesen neuen Prophezeiungen, um sie dann später im Leben zu realisieren, damit sie eine immer spirituellere Zukunft entwickeln und nicht mehr angewiesen sind auf die rein materielle Energie. Diese wird eingesetzt von dem Wissenschaftler Feyman, der genau das Gegenteil möchte, nämlich den Aufbau einer zentralen, gewalttätigen Energieversorgung auf der Erde. Während diese Gruppe eigentlich darauf aus ist, eine lebendige, eine lebensvolle, dezentrale, mit der Natur in Einklang stehende Energieform zu entwickeln. Diese Gruppe, deren Gegenspieler Feyman ist, versucht also das handhaben zu lernen, was man in der Anthroposophie die *ätherischen Kräfte* der Erde und vor allem der Pflanzen nennt. Das ist das Ziel dieser Gruppe, das auf die Zukunft gerichtet ist. Feyman arbeitet dagegen, und jetzt entsteht ein Kampf: Wer vernichtet wen? Wer überwindet wen, wer siegt? Aber um diesen Kampf zu gewinnen, wissen sie genau, dass sie sich als *Menschengemeinschaft* finden müssen. Und dazu brauchen sie die Erkenntnis ihrer eigenen Lebensaufgabe, die sie sich vor der Geburt vorgenommen haben, als sie eine Art Vorschau darauf gehabt haben. Die müssen sie finden – aber sie haben es vergessen. Und ihr Bemühen besteht jetzt darin, dass sie sagen: Um Gemeinschaft zu bilden, muss jeder seine Lebensvision, seinen Lebensvorblick wieder kennenlernen, um zu wissen, was eigentlich seine spezielle Aufgabe in diesem Leben ist und was er in diese Siebener-Gemeinschaft denn wirklich einbringen kann. Aber warum haben sie es denn überhaupt vergessen?

Der Verlust der Erinnerung an die Zeit vor der Geburt

Damit kommen wir genau an jenen Punkt, an dem auch wir alle stehen, dass wir nach dem Sinn des Lebens suchen. Nicht nur allgemein philosophisch, sondern wir suchen auch nach dem Sinn *unseres* Lebens, nach unserer Aufgabe. Vielleicht hatten wir als Kind eine Ahnung, hatten Bilder, hatten Träume, von denen wir vielleicht auch unseren Eltern erzählt haben – oder auch nicht, weil unsere Eltern es nicht hören wollten. Wir vergessen es, weil wir als Kinder nicht darüber sprechen konnten. Aber es blitzt in der Kindheit oft etwas auf, und es liegen viele Erfahrungen auch aufgeschrieben, dokumentiert vor. Es ist oft eine solche Ahnung vorhanden aus dem frühen Kindheitsalter, dass Bilder da waren, vielleicht Ahnungen, was man in diesem Leben gerne tun möchte, wofür man sich einsetzen möchte und so weiter. Dann geht das verloren. Vielleicht hat man das noch mit siebzehn, achtzehn, neunzehn, zumindest in Form ganz starker Impulse, was man im Leben tun möchte, was man verändern möchte. Dann kommt die heutige materialistische Bildung, das Programmiertwerden mit der rein materialistischen Weltanschauung durch unsere heutigen Bildungsanstalten. Und dadurch wird das herunter-gedrückt. Man fragt dann vielleicht in der Mitte des Lebens: Ja, was wollte ich denn eigentlich im Leben? Es ist mir total verloren gegangen.

Dann kommt eine Lebenskrise. Man lebt vielleicht in einem gewissen äußeren Reichtum, hat etwas erreicht, Karriere gemacht, aber die Seele ist leer. Das heißt, man hat das vergessen, noch tiefer vergessen; man hat nicht einmal mehr die Ahnung, man hat vielleicht auch keine Ideale mehr wie früher, sondern sie sind irgendwo verloren gegangen. Wieder entsteht die Frage: Was ist denn der Sinn meines ganz persönlichen Lebens? Was habe ich mir vorgenommen, indem ich auf diese Welt gekommen bin? Es gibt ein interessantes Buch darüber von Joan Klink, *Früher, als ich groß war*[8], wo viele Kinder sich erinnern an dasjenige, was sie eigentlich mitgebracht haben in dieses Leben, was sie tun wollten. Aber warum haben wir das vergessen? Es hat einen bestimmten Sinn. Und ich hoffe, dass wir am Ende dieser Betrachtungen zu einer Beantwortung dieser Frage kommen.

Nun habe ich eingangs gesagt: Wir haben zwei Verständnismöglichkeiten für unser Menschsein, die über das rein materialistische Verstehen hinausgehen. Das ist einmal die zu Anfang des Jahrhunderts begründete Geisteswissenschaft Rudolf Steiners, von der ich meine, dass sie erst in den nächsten Jahrhunderten voll ausgewertet sein wird, weil vieles heute noch ein wenig mysteriös, rätselhaft erscheint, weil wir vieles noch gar nicht denken können, was da erforscht wurde. Für viele Zeitgenossen erscheint es auch zunächst so, dass es nur Phantasterei ist. Rudolf Steiner war das bewusst. Wir erleben das heute ganz deutlich, wie viele Menschen davor stehen und sagen: Es ist zu phantastisch! Aber die Menschen, die konkret mit den Ergebnissen der Anthroposophie arbeiten gelernt haben, die sie denken gelernt haben, arbeiten damit, und zwar sehr fruchtbar. Das ist die eine Seite.

Die andere Seite ist die empirische Forschung, die in den letzten Jahren sehr umfangreich geworden ist, besonders in Amerika, beginnend mit intensiven meditativen Übungen, wo Menschen zurückgeschaut haben in frühere Erdenleben. Das ist heute nichts Besonderes mehr. Es gibt Hunderte von sogenannten Reinkarnationstherapeuten; also nicht mehr nur den Glauben an, sondern auch ein Hineinschauen in frühere Leben. Zahlreiche Menschen erinnern sich spontan daran, dass sie nicht nur in früheren Jahrhunderten, sondern auch vielleicht schon in diesem Jahrhundert gelebt haben; oder dass sie, wenn sie einem anderen Menschen gegenübertreten, hinter ihm ein Bild auftauchen sehen und spüren: Das ist er oder sie in einem früheren Leben! Es ist vielleicht ein Bild, das wie »hinter« ihm erscheint, das durch ihn hindurchwirkt und etwas zu tun hat mit einem früheren Leben. – Auch solche Dinge treten heute immer häufiger spontan auf.

Erfahrungen an der Todesgrenze

Was in den letzten Jahren auch psychologisch, medizinisch, neurologisch erforscht wurde – in Deutschland sind wir da noch sehr weit zurück – ist alles, was mit jener Erfahrung zu tun hat, die viele Menschen an der Todesgrenze machen, sei es, dass sie in Schrecksituationen kommen, Angst haben zu sterben, einen Schockzustand durchleben, sei es, dass sie bereits mehrere Minuten bis zu einer Viertelstunde klinisch tot waren. Es kann sein, dass sie nicht sofort wieder zu Bewusstsein kommen, wenn sie wiederbelebt werden, sondern zum Teil längere Zeit bewusstlos bleiben. Aber in dieser relativ kurzen Zeit können sie gewaltige Erlebnisse haben, die sie beschreiben und die sehr viele Gemeinsamkeiten enthalten. Der führende Neurologe, der das von der medizinischen Seite am gründlichsten untersucht hat auf diesem Gebiet hier in Deutschland, ist Michael Schröter-Kunhardt[9]. Es ist eigentlich etwas, was man nicht übersehen kann, wenn man ein bisschen Interesse hat an neueren Forschungen. Man kann zumindest nicht mehr leugnen, dass es das gibt. Es gibt Gemeinsamkeiten, es gibt bestimmte Gesetzmäßigkeiten, es gibt eine bestimmte Stufenfolge von diesen Erlebnissen, die wir nachher kurz anschauen werden. Es liegt eine empirische Forschung bezüglich der Tatsache vor, dass der Mensch außerhalb seines physischen Körpers, wenn dieser bereits tot ist oder nicht mehr funktioniert, ein außerordentlich hohes Bewusstsein seines Wesens, d.h. seiner Leiblichkeit und seiner Seele hat. Es ist ein Bewusstsein, das jede geistige Leistungsfähigkeit übersteigt, die innerhalb des gehirngebundenen Bewusstseins nachzuweisen ist!

Ich habe das in eine Skizze gebracht (s. Skizze 2, S. 168) . Hier, auf der linken Seite, der Moment des Todes, wo der Mensch dann seinen physischen Leib liegen sieht, in einer Art geistigen Körper heraussteigt, und rechts, auf der anderen Seite, das Tor der Geburt. Da geschieht das, was ich gerade geschildert habe, dass Kinder sich erinnern an die Tatsache, dass sie vor dem Geborenwerden schon existiert haben. Wie gesagt, das lässt sich heute empirisch erforschen, zumindest dokumentieren.

Und auf der anderen Seite steht eben die umfangreiche geisteswissenschaftliche Forschung von Rudolf Steiner, der in einer bestimmten Art auch diese Vorgänge erforschen, wahrnehmen und beschreiben konnte. Er konnte aber über die reine Beschreibung hinausgehend bestimmte Gesetzmäßigkeiten schildern, nach denen das funktioniert. Und damit wird auch die Antwort möglich auf die zentrale Frage: Warum vergessen wir, dass wir in einer geistigen Dimension schon ein hohes Bewusstsein hatten, ja, dass wir überhaupt geistig existiert haben vor unserer Geburt und dass wir nach dem Tode auch weiter existieren werden? Was sind das für Dimensionen, was sind das für Sphären? Warum vergessen wir all das, was wir auch nach der Schilderung anderer Menschen angeblich schon gewusst haben?

Wenn Sie sich jetzt einfach einmal selbst fragen: Haben Sie Erinnerungen an die Zeit unmittelbar vor der Geburt? Haben Sie wenigstens eine Ahnung? Oder schauen Sie noch weiter zurück und denken Sie einmal an die ganze Zeit zwischen dem jetzigen und dem vorigen Leben! – Ich habe den Eindruck, dass in der empirischen Forschung gerade dieser Bereich der dunkelste ist. Es gibt ein paar Aussagen darüber, aber er ist am wenigsten erforscht. Während sehr intensiv geforscht worden ist, was unmittelbar nach dem Tode geschieht. Was zwischen dem letzten Tod und der neuen Geburt liegt – darüber wissen wir ganz wenig und verfügen empirisch nur über sehr allgemeine Andeutungen.

Schauen wir uns zunächst noch einmal Erlebnisse an, die Menschen selbst schildern. Ich beschränke mich jetzt auf das, was veröffentlicht ist und was ich selber durch viele Gespräche auch erfahren und bestätigt gefunden habe. Wir müssen berücksichtigen, dass alle Berichte natürlich von Menschen stammen, die sogar nach einem »klinischen Tod« wieder in den Körper zurückgekehrt sind. Aber auch Rudolf Steiner bestätigt aus seiner Geistesforschung diesen Vorgang, dass die Seele mit dem herausgelösten Ätherleib, der auch zunächst noch die Gestalt des physischen Leibes hat, als erstes auf diesen physischen Leib und und auf die Erde zurückschaut. Auch der Geistesforscher erlebt durch die Einweihung den adäquaten Vorgang, der dem realen Todesprozess entspricht.[10]

Sie werden vielleicht das Buch von Betty J. Eadie kennen, das vor einigen Jahren erschienen ist[11]. Da beschreibt sie diese Stufen, die heute allgemein anerkannt sind, die etwa so aufeinander folgen (die Reihenfolge wechselt manchmal): Der physische Leib wird abgelegt, der Mensch erlebt sich in einem geistigen, ganz durchlässigen Körper, aber auch jenseits des physischen Körpers. Er erlebt, wie er auf diesen Körper zurückschaut. Dann kommt manchmal eine Lebensrückschau, so, dass das ganze Leben in einer ungeheuren Fülle von Bildern vor Ihnen steht. Oder es kommt jetzt zunächst ein Erlebnis, dass die Menschen in eine Art Dunkel eintauchen, wo sie nicht sehen, was rechts und links ist, eine Art Abgrund-

oder Tunnelerlebnis. Dann taucht eine Welt auf, eine ungeheure Lichtwelt, in der sie auch bestimmte Wesen wahrnehmen, lichtartige Wesen. Vielleicht begegnet ihnen ein ganz besonders sie beeindruckendes, sie selbst durchdringendes Lichtwesen. Auch Landschaften tauchen möglicherweise auf, die in wunderbaren Farben erglänzen, wie sie sie auf der Erde in dieser Art noch nie gesehen haben. Und manchmal steigen sie sogar in Dimensionen auf, wo sie das Gefühl haben: Das ist in der Ferne wie eine Lichtstadt, die sie anschauen oder in die sie hineingehen dürfen.

Vier, fünf, sechs, sieben Stufen etwa – man kann das natürlich auch noch differenzierter schildern, aber lassen wir das zunächst einmal so stehen. Das ist in der Regel das, was Tausende von Menschen beschreiben. Nicht jeder hat so viele Stufen und alles so präzise erlebt. Aber man kann es, wenn man es zusammenschaut, in diese Reihenfolge bringen.

Betty J. Eadie beschreibt also, was ihr nach einer Operation widerfuhr: »Ich hatte das Gefühl, nicht allein zu sein, und merkte, wie mein Körper immer schwächer wurde … Ich spürte ein leichtes Dröhnen im Kopf und sank weiter hinab, bis ich fühlte, wie mein Körper ruhig und leblos wurde.

Dann fühlte ich ein Aufwallen von Energie, so als ob etwas in mir platzte, etwas in mir freigesetzt wurde … Diese Erfahrung barg nichts Unnatürliches. Ich schwebte über meinem Bett, etwas unterhalb der Decke. Ich hatte ein Gefühl der grenzenlosen Freiheit, und es schien mir, als hätte ich nie etwas anderes getan. Ich drehte mich um und sah jemanden auf dem Bett liegen … Und dann erkannte ich, dass es *mein* Körper war, der da lag. Wer da auf dem Bett lag, das war ich selbst! Ich war weder überrascht noch erschrocken. Ich empfand nur ein gewisses Mitgefühl für jenen Körper. Jetzt, da er tot war, erschien er mir jünger und hübscher, als ich ihn in Erinnerung hatte. Doch jetzt war er tot. Es war, als habe ich ein altes Kleidungsstück ausgezogen und für immer beiseite gelegt, und das war schade, weil es eigentlich noch ganz gut war – es war noch ganz brauchbar. Es wurde mir bewusst, dass ich mich noch nie zuvor dreidimensional gesehen hatte … Doch das geistige Auge sieht in mehr Dimensionen als die Augen des sterblichen Körpers. Ich sah meinen Körper von allen Seiten gleichzeitig: von vorne, von hinten und von den Seiten. Ich sah Merkmale meiner Physis, die mir bisher entgangen waren und die einen vollkommeneren, ganzheitlicheren Eindruck von mir ergaben. Vielleicht lag es daran, dass ich mich im ersten Augenblick gar nicht erkannt hatte.

Mein neuer Körper war schwerelos und extrem beweglich, und mein neuer Seinszustand faszinierte mich. Hatte ich noch wenige Augenblicke zuvor die Schmerzen der Operation verspürt, so war ich nun völlig beschwerdefrei. Ich war in jeder Hinsicht ganz – vollkommen! Und ich dachte: ›So bin ich also in Wirklichkeit.‹«

Sie begegnet dann einigen Gestalten, von denen Licht ausstrahlt: »Sie sprachen zu mir. Sie seien seit ›Ewigkeiten‹ bei mir gewesen … Dann tauchten Bilder in mir auf, von lange vergangenen Zeiten, von einer Existenz vor dem Leben auf Erden, von meiner ›früheren‹ Beziehung zu diesen Männern …

Sie sagten, ich sei zu früh gestorben. Irgendwie vermittelten sie mir ein Gefühl des Friedens und meinten, ich solle mir keine Sorgen machen, es würde gut werden. Während sie mir dieses Gefühl vermittelten, spürte ich ihre tiefempfundene Liebe und Anteilnahme. Diese Gefühle und andere Gedanken wurden von Geist zu Geist vermittelt – von Intelligenz zu Intelligenz.«

Die Begegnung mit dem Lichtwesen

Ich mache jetzt einen Sprung, weil es für unsere Fragestellung wichtig ist, was sie sieht, wenn sie jetzt durch diesen Tunnel hindurchgeht. Da sieht sie jenseits des Tunnels, den sie wie eine schwarze Masse erlebt, ein gewaltiges Lichtwesen: »Ich sah, dass das Licht in unmittelbarer Nähe der Gestalt golden war, so als sei ihr gesamter Körper in einen goldenen Heiligenschein getaucht, und dieser goldene Heiligenschein strahlte aus ihr heraus und verbreitete ein herrliches, leuchtend weißes Licht, das sich bis in einige Entfernung ausdehnte. Ich fühlte, wie dieses Licht buchstäblich mit dem meinen verschmolz und wie mein Licht sich zu dem ihren hingezogen fühlte ... Man kann kaum sagen, wo das eine Licht aufhört und das andere anfängt – sie werden einfach zu einem einzigen Licht. Und wenn auch das Licht rings um die Gestalt viel heller war als das meine, so war mir doch bewusst, dass auch mein Licht uns beide erleuchtete ... Es war die bedingungsloseste Liebe [dieser Gestalt, die sie da sah], die ich je empfunden habe. Und als der Mann seine Arme ausbreitete, um mich willkommen zu heißen, ging ich zu ihm, und er hüllte mich vollkommen ein in seine Umarmung ... Ich fühlte seinen überwältigenden Geist und wusste, dass ich von jeher ein Teil von ihm, ja in der Tat niemals von ihm getrennt war.«

Dieses Lichtwesen, das hier beschrieben wird, ist ein Licht, das eine unendliche Helligkeit hat, aber doch nicht blendet, das mild ist, durchwärmend, den Menschen durchsonnend, ihn umhüllend, umarmend, ihn gesundend, ihn freimachend, so dass er das Gefühl hat, er könne durch dieses Licht plötzlich alles verstehen, was es in dieser Lichtwelt gibt. Menschen bezeichnen es, wenn sie mit der christlichen Religion vertraut sind, als Christus oder als Jesus; Menschen anderer Religionen bezeichnen es mit einem anderen Namen. Aber die Beschreibung, die Eigenschaften, die erlebt werden, sind immer die gleichen. Und das Erlebnis ist dabei auch: Ich bin real, ich bin wirklich, jetzt bin ich erst ein wirklicher Mensch, jetzt weiß ich, wer ich bin. – Also ein viel intensiveres Seins-Erlebnis, ein viel tieferes Sich-selber-Fühlen und Verstehen, ein unendliches Sich-ausgebreitet-Fühlen und Getragenfühlen in dieser Welt des Lichtes.

Auf der Erde, in der physischen Welt geschieht dann das, was zum Beispiel bei einer Operation eintritt: Der Patient stirbt, das Herz steht still, die Ärzte arbeiten fieberhaft daran, ihn wieder zum Leben zu bringen. Von der jenseitigen Seite wird das dann so erlebt, als ob dieses Lichtwesen sagt: Deine Aufgabe auf der Erde ist noch nicht erfüllt, du musst wieder zurückgehen. Oder: Es ist dir freigestellt zurückzugehen, aber du hast noch eine Aufgabe, du kannst dich frei entscheiden. Und dann tritt das Erlebnis auf – wenn auch manchmal sehr widerwillig, manchmal aus einer tieferen Einsicht – im hinschauenden Miterleben der Menschen, die auf der Erde zurückgelassen wurden als Familie, dass der Mensch sich doch wieder entschließt, in diesen Körper hineinzuschlüpfen. Das ist dann wie eine neue Geburt, die zum Teil als sehr schmerzhaft erlebt wird. Denn nach diesem Ausgebreitetsein in dieser Lichtwelt heißt es, sich intensiv zusammenzuziehen, um in diesen zum Teil unterkühlten, kalt gewordenen, nassen Körper wieder einzusteigen. Allein dies ist häufig schon ein schmerzliches Erlebnis! Und in dem Augenblick, wo der Betreffende dann wieder erwacht, ist das Erlebnis des physischen Schmerzes und alles dessen, was dann eben zu dieser Erkrankung, zu diesem Tod geführt hat, wieder da. Aber es ist doch wiederum wie eine neue Geburt.

Bei vielen Menschen tritt dann so etwas auf, dass bestimmte spirituelle und moralische Fähigkeiten bei ihnen in Erscheinung treten oder sich verstärken, die vorher zart angelegt waren und die im Verhältnis zum heutigen Bewusstsein ganz neue Fähigkeiten sind. Zum Teil tritt eine außerordentlich überraschende Gesundung ein, die vorher nicht möglich war, Fähigkeiten des Hellsehens, der Heilfähigkeit, der Zukunftsschau und so weiter. Es hat also eine Verwandlung stattgefunden bei vielen dieser Menschen, die dann die Lebensführung und das Sozialverhalten so stark prägt, dass andere Menschen plötzlich erschrecken und die betreffenden Menschen manchmal in ihrem Wesen nicht wiedererkennen. Das gibt dann soziale Probleme.

Die veränderte Lebensrückschau
und der Lebensvorblick

Nun möchte ich noch etwas hinzufügen, was ganz eng zu dem gehört, was ich hier an der Tafel skizziert habe: Der physische Leib bleibt, wie Betty Eadie schildert, zurück, man schaut ihn von außen an, man erlebt sich in einem darüberschwebenden, energetischen Lichtleib – in einem ätherischen Leib, so würden wir das anthroposophisch ausdrücken. Jetzt kommt aber bei einigen Menschen noch etwas hinzu, was in der geisteswissenschaftlichen Literatur vom Anfang des Jahrhunderts nicht so beschrieben wird, und das ist das Erstaunliche: Die Menschen schauen zum Teil in dieses Lebenspanorama hinein, aber zugleich erleben sie schon etwas Ungewöhnliches, während sie sich so in diese Welt ausbreiten. So schildert es z.B. Dannion Brinkley[12], indem er sagt: In jenen Bildern tauchte auch dieses Lichtwesen auf. »Das Lichtwesen hüllte mich ein, und in diesem Augenblick begann mein ganzes Leben an mir vorüberzuziehen. Diese Rückschau auf mein Leben war nicht angenehm. Von Anfang bis Ende war ich mit der unerträglichen Tatsache konfrontiert, dass ich ein unangenehmer Zeitgenosse gewesen war, ein egoistischer und böser Mensch …

Es war erstaunlich, wie tiefe Gefühlsbewegungen ich bei diesem Lebensrückblick erlebte. Ich spürte nicht nur, wie ich und andere bei den jeweiligen Ereignissen fühlten, sondern ich fühlte auch die Empfindung des nächsten Menschen, der hierauf reagierte. Ich stand in einer Kettenreaktion von Gefühlen, die mir zeigte, wie tief wir einander beeinflussen.«

Und er schildert dann, wie er eigentlich viel intensiver das miterlebt in diesem Rückwärts-Erleben – nicht in der Rückschau, sondern im Rückwärts-Erleben seiner Taten –, was er anderen Menschen angetan hat. Nicht seinen Genuss und seine Befriedigung, eine Tat ausgeführt zu haben, sondern er erlebt zum Teil den tiefen, nachhaltig wirkenden Schmerz, den er anderen Menschen zugefügt hat. Auch das finden wir erstaunlicherweise bei Menschen schon geschildert, die vielleicht nur fünf, zehn oder fünfzehn Minuten tot waren. Es sind also gewaltige Erlebnisse, die in diese nachtodliche geistige Welt hineinweisen, und die dann, nach der Rückkehr in diesen physischen Leib, erinnert werden können, welche die Betreffenden aufschreiben und mit denen sie sich auseinandersetzen müssen.

Sie finden eine sehr schöne Zusammenfassung im »Flensburger Heft« Nummer 51, *Nah-Todeserfahrungen*[13], wo zum Beispiel Dorothea Rau-Lembke beschreibt, dass sie in dieser jenseitigen Welt Situationen erlebt hat, »in denen mir andere Übles getan haben, und dadurch habe ich aber diese Menschen verstehen können, und zwar besser und tiefer, als ich dazu jemals auf der Erde in der Lage gewesen wäre. Ich habe verstanden, warum diese Menschen mir Verschiedenes angetan haben. Natürlich habe ich auch Glückssituationen erlebt. Aber ganz prägnant sind mir die Situationen bewusst geworden, in denen man sich gegenseitig Böses angetan hat.«

Also ein Ausgebreitetsein nicht nur in eine eigene Gefühlswelt, ein Rückwärtserleben der eigenen Gefühle, sondern vor allen Dingen ein viel tieferes, umfassend fühlendes, seelisches Umfassen und Verstehen der Gefühlserlebnisse anderer Menschen ereignet sich hier.

Das Weltgedächtnis

Das weist doch darauf hin, dass diese Seelenwelt, die uns umgibt, sich nicht nur irgendwo hier drinnen in der Brust abspielt, sondern um uns herum ist und von einem Menschen, der gestorben ist, von der anderen Seite miterlebt werden kann. Es bedeutet ferner, dass es, wenn es die Vergangenheit betrifft, irgendwo aufgeschrieben, eingeprägt, vorhanden sein muss. Dieses Rätsel, dass nichts verloren geht, dass keine Bilder, keine Erinnerungen und auch keine Gefühlserlebnisse – nicht nur die meinen, sondern auch die anderer Menschen – verloren gehen, dieses Rätsel weist darauf hin, dass es eine Sphäre geben muss – so wie die Magnetsphäre und die Lufthülle, die die Erde umschließt –, also eine geistige Sphäre, wo alles das, was in der Menschheit jemals passiert ist, in einer wunderbaren Weise aufbewahrt, eingeschrieben ist. Wir können diese Sphäre das »Weltgedächtnis« nennen – ich habe dies hier symbolisch mit diesem geschwungenen Strich markiert – oder mit einem Fachausdruck die »Akasha-Chronik«. Es handelt sich dabei um eine Chronik, in die geistig die gesamte Evolution der Menschheit und jedes einzelnen Menschen »eingeschrieben« ist, die wiedergefunden werden kann, wenn Menschen sich in bestimmte geistige Zustände versetzen. Die Tatsache, dass nichts verloren geht in jener Welt, kann einen zu einem gewaltigen Erstaunen veranlassen, wenn man die unendliche Fülle von menschlichen Erlebnissen, Ereignissen, Gedanken und Bildern bedenkt.

Dies lässt sich nur annähernd vorstellen, selbst wenn man sich einmal klar macht, was heute technisch an wunderbaren Erfindungen da ist. Da lässt sich auf einer CD-ROM, einer kleinen Silberplatte, eine ganze Bibliothek unterbringen; das, was sonst auf Materie, auf Papier mit schwarzen Buchstaben in einem riesigen Raum untergebracht werden müsste, ist hier zusammengedrängt auf einer kleinen Silberscheibe! Aber – und jetzt kommt geistig der große Unterschied – alles muss dort verwandelt werden! Da ist ja nichts von Buchstaben zu lesen, und trotzdem können Sie es wieder herausholen. So kann man versuchen, den Gedanken zu denken, dass es eine Sphäre gibt, die das ganze Planetensystem durchzieht, die eine Art Substanz hat – wir nennen das »Akasha-Substanz« oder »Äther-Substanz« –, wo alles eingeschrieben ist, was jemals in der Menschheitsgeschichte passiert ist.

Das erklärt, warum dann auch Betty J. Eadie sagt: Als sie in einer bestimmten Sphäre war, konnte sie den ganzen Schöpfungsvorgang rückblickend überschauen und wissen, dass sie von Anfang an dabei war.

Was geschieht vor der Geburt?

Auf der anderen Seite stehen jene Ereignisse im Umkreis der Geburt, die ich schon erwähnt habe: kurze Rückerlebnisse von Kindern, natürlich nicht so umfangreich, beschrieben von Joanne Klink in dem Buch »Früher, als ich groß war«. Ein Mädchen sagt: »Ich hatte dich schon längst aus der Luft gesehen und wollte bei dir sein.« Ein anderes sagte: »Damals schwebte ich um dich herum, Mama.« – »Ich fragte meine Mutter, wo ich zu der Zeit gewesen wäre. Als sie sagte, dass es mich noch nicht gegeben hätte, reagierte ich mit einer heftigen, verzweifelten Verneinung. Das konnte nicht sein. Mit Sicherheit hatte ich existiert. Ich war völlig durcheinander, in Tränen aufgelöst, weil ich es ihr nicht erklären konnte, sie nicht erreichen konnte« – aus dem Wissen: Ich habe schon existiert, bevor ich zu dir kam. – Viele interessante Beschreibungen liegen inzwischen vor.

Aus der mehr empirischen Dokumentation möchte ich noch etwas anführen, was auf dieses Vorausschauen des kommenden Lebens hinweist, ehe wir uns dann mehr die geisteswissenschaftliche Seite anschauen. Es ist zusammengefasst in dem Buch *Brücke über den Strom:*[14] Ein junger Komponist, der im Ersten Weltkrieg gefallen ist, eine starke Persönlichkeit, hat auf der Erde zwei Schwestern, ebenfalls Musikerinnen, zurückgelassen und konnte durch die Musik quasi aus der nachtodlichen Welt mit ihnen korrespondieren und deutliche, regelmäßige Mitteilungen machen. Die Schwestern konnten das verstehen und haben das durch viele Jahre aufgeschrieben, was er ihnen mitgeteilt hat, das heißt, was er in der geistigen Welt erlebt und mitangeschaut hat. Einmal fragten die Schwestern ihn: Wie ist es da oben, wenn ein Mensch geboren wird? Er teilte ihnen dann mit: »Gewiss wollt ihr wissen, wie sich das Inkarniertwerden vollzieht. Das ist wie ein Bad. Der Geist ruht im Warten wie ein Mensch, der sich nach langer, heißer Arbeit nach dem kalten Wasser sehnt.« Man sieht, da oben muss es wohl Arbeit geben, die heiß macht, also nicht etwa nur Ruhe! »Diese Sehnsucht nun steigert sich bis zur Verzweiflung. Der Geist sucht die Mutter, die beauftragt ist, ihn zu empfangen, und verlässt sie nicht mehr. Man könnte sagen, sie sind wie mit einem Netz verbunden. Er wartet und umgibt die Mutter mit großer Fürsorge, aus Angst, seiner Inkarnation könnte noch irgendein Missgeschick zustoßen. – Dann kommt der Augenblick, wo die Frucht reif ist, und – trotz des intensiven Wunsches – ist dann dieser Augenblick doch tief erschütternd und vielleicht sogar tragisch, denn nun fühlt der Geist erst wirklich, *was* es bedeutet, wieder in die physische Hülle zu steigen. Doch dann gibt es kein Zurück mehr. – Mit einem Wehruf stürzt er sich kopfüber in die Fluten und erschauert, allerdings einen Augenblick nur, über die Kälte des Wassers, um sich gleich darauf ganz der Mutter hinzugeben, für die er gebetet und die er eingehüllt hat in Liebe und Fürsorge.«

Das ist also eine Beobachtung aus der Warte der jenseitigen Welt für den Moment, wo diese Inkarnation stattfindet.

Das Diskrepanzerlebnis

Nun haben wir im Grunde beide Seiten angeschaut: Was geschieht nach dem Tod, was passiert kurz vor der Geburt? Eine weitere Frage ist auch noch: Was geschieht während der Embryonalzeit? Da entwickelt sich in der Dunkelheit des Mutterleibes, auf der Grundlage der Vererbung – das sind eben die heute erforschten Tatsachen der Genetik – ein Menschenkeim, aber man weiß nicht: Warum wird ein bestimmter Erbfaktor aktiviert und warum ein anderer nicht? Warum ruhen bestimmte Eigenschaften, die auch in der Erbmasse drin sind, während andere aktiviert werden?

Das hängt damit zusammen, dass die Seele von »außen« mitarbeitet. Und je stärker die Individualität ist, die sich in einem Körper inkarnieren möchte, desto intensiver arbeitet sie mit an der Auswahl und an der Gestaltung der Erbmerkmale, um sich möglichst einen Körper schon während der Embryonalzeit heranzubilden, der dann seinen mitgebrachten geistigen Fähigkeiten, seinen seelischen Aufgaben und Eigenschaften entspricht. Ganz in Übereinstimmung zu bringen mit den mitgebrachten geistigen Impulsen ist das heute nicht. Deswegen wird auch dann später immer, wenn man in seiner jugendlichen Entwicklungsphase drinsteht, bei allem die große Diskrepanz erlebt: Was habe ich mit meinem Körper zu tun? Bis zum Sich-Distanzieren von der Körperlichkeit, die man da an sich vorfindet, kann das gehen. Man entdeckt Eigenschaften an diesem Körper, mit denen man wirklich nichts zu tun haben möchte, und weiß: Die habe ich eben von meinen Eltern. Das ist die Diskrepanz, die man heute deutlich bei immer mehr Menschen erleben kann, dass sie sagen: Ja, mein Körper, den habe ich geerbt, aber das bin ich nicht, sondern ich stecke da drin, und ich muss ihn mir aneignen, ich muss ihn mir zu einem Instrument machen, damit ich wirklich das erfüllen kann, was ich mir als Aufgabe mitgebracht habe.

Was geschieht in der Zeit zwischen zwei Erdenleben?

Das ist also die Situation, die wir hier von der Geburtsseite aus haben. Nun entsteht die Frage: Was passiert dazwischen? So wie es heute zum Beispiel aufgrund der Reinkarnationsforschung den Anschein hat, blicken heute schon viele Menschen auf frühere Erdenleben zurück. Das geht heute offensichtlich wesentlich leichter als noch zu Anfang des Jahrhunderts. Es geschieht spontan, auch durch Meditation, oder auch durch sogenannte Tiefenentspannung, oder eben durch spezielle meditative Karma-Übungen, geführt durch einen Reinkarnationsbegleiter. Aber es wird zunächst allem Anschein nach übersprungen, was *dazwischen* liegt! Doch genau hier liegt die entscheidende Frage: Knüpfen wir, wenn wir wiedergeboren werden, genau an das an, was wir im letzten Leben versäumt haben, was wir nicht geschafft haben? Knüpfen wir unmittelbar an das an, was uns damals hier auf der Erde als Schmerz, als Leid widerfahren ist, was sich uns eingeprägt hatte und was wir in unserem inkarnationsübergreifenden Gedächtnis bewahrt haben? Was ruht in den Tiefen unseres Leibes, was ist hineingeprägt worden bis in die Organe, bis in die Muskulatur? Wo knüpfen wir an? Oder gibt es etwas, was hier zwischen dem letzten Tod und der neuen Geburt passiert, dass wir, wie gerade geschildert wurde, wirklich Sehnsucht haben, wieder auf die Erde herunterzusteigen, um noch einmal ein neues Leben von vorne zu beginnen? Was liegt dazwischen?

Wenn man als älterer Mensch auf sein Leben zurückschaut oder Menschen befragt, die sich in den letzten Jahren ihres Lebens befinden, so ist da meist die völlig berechtigte Stimmung: Lasst mich gehen, ich habe mein Leben gelebt, ich habe meine Aufgabe erfüllt. Ich will nicht mehr! Wenn wir jetzt an dieses Erlebnis anknüpfen würden, an dieses eigentlich Genughaben von dem Leben, von dieser Erde – so muss man fragen: Was passiert denn dazwischen, dass man wieder mit einer ungeheuren Kraft, ja Sehnsucht und Impulsivität neu in ein Leben, in einen neuen Leib heruntersteigen möchte? Da muss doch etwas dazwischen liegen, was den unsterblichen Teil des Menschen so verwandelt, dass er wirklich diesen Impuls bekommt, ein neues Leben zu beginnen!

In den folgenden Ausführungen möchte ich – mit einigen Einfügungen – auf die Schilderungen Rudolf Steiners zurückgreifen, die Sie finden in dem Band *Inneres Wesen des Menschen und Leben zwischen Tod und neuer Geburt.*[15] Zunächst kann man fragen: Wie macht denn Rudolf Steiner das, dass er solche Dinge so genau zu schildern vermag? Da sagt er über sich selbst: »Wie durch den Chemiker der Wasserstoff sich aus dem Wasser herauszieht«, – also beide Teile trennt – »dass so die Seele des Geistesforschers die Möglichkeit findet, durch die Seelenübungen sich herauszuziehen aus dem Physisch-Leiblichen, und sich zu erleben abgesondert von dem Physisch-Leiblichen, so dass sie dann einen Sinn verbinden kann mit dem Worte: Ich erlebe mich als seelisch-geistiges Wesen außerhalb meines Leibes, und mein Leib mit allem, was in der Sinneswelt zu ihm gehört, steht vor mir wie ein äußerer Gegenstand vor uns steht, wenn wir ihn mit den Augen anschauen, mit den Händen berühren.«

Sie sehen, auch Betty J. Eadie hat genau das geschildert: Sie sieht ihren Körper dreidimensional liegen, Rudolf Steiner sagt, der Geistesforscher muss genau dasselbe machen, er muss seine Seele herausziehen aus dem Leib, und dann sieht er ihn draußen stehen, liegen, wahrscheinlich sitzen in einer tiefen Meditation, wie einen Gegenstand – er muss also wirklich herausgehen aus dem Leib. Dadurch, dass er wirklich aus seinem physischen Leib heraussteigt, kann er sich auch in dieser Welt bewegen, die eben auch jene Menschen kennenlernen, die sich durch Todesereignisse aus diesem Leib herausziehen. Es ist also nicht nur ein hellsichtiges *Schauen* wie bei den Menschen, die Hellseher sind, die Ihnen gegenübersitzen und Ihre Aura beschreiben können. Diese bleiben in ihrem physischen Leib drinnen, sie aktivieren nur ihre geistigen Organe. Sondern hier, bei dieser Art der Forschung, geht es wirklich um ein Heraustreten aus dem physischen Leib. Rudolf Steiner hatte die Fähigkeit, das in einem sehr weitgehenden Maße zu praktizieren, und dadurch konnte er dann auch das verfolgen, was Seelen in der angrenzenden geistigen Welt erleben können.

Dann schildert er noch von sich selbst, wie das ist, dieses Abgetrenntwerden von dem physischen Leib und dass man sich aufrecht erhalten muss als geistiges Wesen. Er sagt da: »Es ist das der denkbar tiefste, erschütterndste Eindruck. Von diesem Momente an, oder von einem ähnlichen, weiß man, was es heißt, außer seinem Leibe in der Seele selber sich erleben.« Man muss sich vorstellen: Was nun erlebbar wird durch den Tod, das tritt tatsächlich ein, auch für den geistigen Forscher! Es tritt nicht ein als endgültige Wirklichkeit. Denn der Geistesforscher kehrt ja wieder in seinen Leib zurück. Er nimmt wieder die äußere Welt wahr. Aber alles, was er in dieser Verfassung erlebt, das entspricht *auch* demjenigen, was sich zuträgt, wenn der Mensch endgültig durch die Pforte des Todes schreitet, wenn also das äußere physische Leben aufhört und das Leben nach dem Tod beginnt – also ein adäquater Vorgang. Nur, der Geistesforscher muss es trainieren, dass er aus seinem physischen Leib herausgehen kann mit seinem geistigen Leib und mit seiner Seele da draußen diese geistige Welt erforschen kann.

Dann erlebt auch der Geistesforscher, dass er zunächst in seinen Gedächtnisinhalten lebt, und diese verschleiern ihm zunächst diese Welt, die weitere geistige Welt. Da entfaltet sich zunächst auch vor ihm dieses Gedächtnispanorama, welches der Mensch, der durch äußere Umstände gestorben ist, erlebt. Jetzt beschreibt Rudolf Steiner diese Art der Welt, die Art der Energie, die man da vorfindet, wenn er durch diese Sphäre seiner Gedächtnisinhalte hindurchstößt. Dasselbe muss auch jeder Mensch durchmachen, der wirklich stirbt, und Menschen mit Nah-Todeserfahrungen berichten davon auch, dass sie dieses Lebenspanorama durchstoßen haben, bevor sie in die eigentliche Lichtwelt kamen.

Das, was die Seele dann dort erlebt, was als eine Kraft in ihr erwacht, je mehr sie sich in dieser Lichtwelt von dem letzten Erdenleben entfernt, das kann mit der gewöhnlichen Sprache nur umschrieben werden als eine »kreative seelische Kraft«, eine »seelische Schöpferkraft«. Es ist die Substanz, in der die Seele sich jetzt in dieser Welt erlebt. Es ist etwas, was die Seele jetzt unmittelbar erlebt. Dass man in sich eine Aktivität entfaltet, das erlebt die Seele völlig; aber zugleich, dass diese Schöpferkraft sich wirklich entwickelt, wirklich von der Seele ausstrahlt in die Umgebung. Es ist diese Kraft etwas, was in die Umgebung wie ein geistiges Licht ausstrahlt, das die geistigen Vorgänge und Wesen ringsherum beleuchtet, so dass wir sie sehen können.

Eben das hat Betty Eadie beschrieben. Ihr Licht strahlte aus, und dadurch konnte sie jenes andere Lichtwesen sehen, und dann verschmolz ihr Licht, das nicht so stark war, mit dem Licht dieses gewaltigen Lichtwesens. Rudolf Steiner, beschrieb achtzig Jahre vorher das, was auch der Geistesforscher wahrnimmt: »Es ist diese Kraft etwas, was in die Umgebung wie ein geistiges Licht ausstrahlt, was die geistigen Vorgänge und Wesen ringsherum beleuchtet, so dass wir sie sehen; wie, wenn die Sonne aufgeht, wir durch die Sonne die äußeren Gegenstände sehen, so sehen wir durch die eigene innere Leuchtekraft, die sich hineinergießt, die geistigen Vorgänge und Wesenheiten.«[15] Also, wir müssen Licht mitbringen, sonst sehen wir diese Wesen nicht.

Jetzt tritt also die Zeit ein, wo die Seele in dem Maße in der geistigen Umgebung ist, als in ihr diese kreative Kraft erwacht, diese Welt zu beleuchten. Das ist also auch wieder ganz wichtig: Bringe ich diese innere schöpferische Seelenkraft nicht mit, so habe ich nicht das Licht, das ich brauche, um in der jenseitigen geistigen Welt diese Welt zu beleuchten! Das erklärt wiederum das Rätsel, warum viele verstorbene Menschen dort in einer »Dunkelsphäre« bleiben müssen – Jahre, Jahrzehnte, die auch so erlebt werden –, und es nicht schaffen, mehr zu sehen. Es ist ein Zustand, über den zum Beispiel George Ritchie aus seiner Erfahrung berichtet: »Diese Menschen sind in einer dunklen Sphäre gefangen, weil sie kein Licht mit in diese geistige Welt mitbringen. Da sind die geistigen Lichtwesen, da sind die Engel, aber sie sehen sie nicht.« Und er erlebt es als eine tiefe Tragik, dass diese Menschen in einer Welt sind, wo es geistige Wesen gibt, aber nicht die Fähigkeit haben, diese höheren Wesen zu sehen, weil sie selbst das innere Licht nicht mitgebracht haben, wo sie lange brauchen, um dieses Licht vielleicht zu entzünden.

Nun gehen wir zurück zu Rudolf Steiners weiterer Beschreibung: »Und hier [in dieser Welt] haben die Religionen keinen unbedeutsamen Ausdruck gebraucht, wenn sie sagen, um das Leben nach dem Tode zu bezeichnen: Dieses Sich-Fühlen in der schöpferischen Kraft, dieses Sich-Einleben in eine geistige Umgebung, die dadurch sichtbar wird, dass man seine eigene Schöpferkraft hineinsendet, dieses Sich-Erleben in dem Ausgießen des Lichtes ist ein Gefühl von Seligkeit. Selbst die Schmerzen werden so als Seligkeiten erlebt in dieser Welt. Da erlebt die Seele nun ihr weiteres Leben.«

Schauen wir einen Moment auf die Skizze (s. Skizze 2, S. 168). Das, was ich vorhin beschrieben habe und was ich jetzt zusammenbringe mit der geisteswissenschaftlichen Schilderung von Rudolf Steiner vom Anfang des Jahrhunderts, kann man heute differenzierter beschreiben durch all jene Menschen, die ihre Erfahrungen im Grenzbereich genau dargestellt haben. Sie machen die

Erfahrung, dass sie zunächst einmal ihren physischen Körper ablegen, sie sehen ihn von außen, sie schweben darüber, haben diese Lebensrückschau, und treten in eine Welt ein, wo sie nicht mehr ihre Bilder des vergangenen Lebens um sich haben, sondern wo sie jetzt stark in dieses Fühlen hineinkommen, das vorhin beschrieben wurde; eine Art schöpferische Energie, eine schöpferische Kraft, in der sie sich befinden. Aber erlebbar eben wie ein Gefühl. Da werden sie jetzt konfrontiert mit jenen Erlebnissen – nicht mit den Bildern, sondern mit den Erlebnissen –, die sie selbst während des Lebens gehabt haben und auch mit jenen Erlebnissen, die sie bei anderen Menschen durch ihre Taten erzeugt haben. Das geschieht erstaunlicherweise häufig innerhalb weniger Minuten! Die Zeit spielt hier beim Durchleben dieser geistigen Dimensionen offenbar keine Rolle mehr. Also nicht ausgedehnt über circa drei Tage, wie es sich beim endgültigen Todesprozess entwickelt.

Da finden nun sehr unterschiedliche Erlebnisse statt. Menschen, die sehr stark an der Materie gehangen haben, mit ihr verhaftet waren, müssen eben auch eine besonders intensive Arbeit leisten, um all das, was zu irdisch ist, zurückzulassen. Das heißt, grundsätzlich müssen alle Menschen dieses aus der irdisch-sinnlichen Welt, aus der materiellen Welt Mitgebrachte ablegen. Sie müssen sich quasi seelisch entkleiden. Sie müssen den irdischen Teil ihres Seelenkörpers hier zurücklassen. Und je weiter sie aufsteigen, desto reiner bleibt dasjenige übrig, was sie als geistiger Mensch im Zurückschauen an wirklichen geistigen Schöpferkräften während des Erdenlebens in sich aufgenommen haben.

Dann wird weiter geschildert, wie den Menschenseelen jetzt ganz besonders dasjenige ins geistige Erleben
eintritt, was sie unerledigt gelassen haben. – Ich glaube,
es lässt sich folgendes gut nachvollziehen: Was geschieht, wenn Sie selber einen starken Wunsch haben,
etwas zu tun, und Sie werden für immer *gehindert*, das,
was Sie eigentlich hätten gerne tun wollen an einem bestimmten Ort, einem bestimmten Menschen gegenüber,
tatsächlich auszuführen? Das bleibt dann in der Seele als
ein fast schmerzliches Gefühl zurück. Man muss immer
wieder daran zurückdenken. Nehmen wir an, ich begeg-
ne dem betreffenden Menschen nicht mehr, er ist vielleicht gestorben. Aber er bleibt in der Seele, und es bleibt
in mir auch der Wunsch, ich möge doch diesem Menschen wieder begegnen! Es ist unerledigt, es lässt sich
auch nicht mehr tun! Gerade auf diese Dinge schaut jetzt
die Seele intensiv zurück; und sie lässt einerseits das zurück, was irdisch ist, aber sie arbeitet gleichzeitig das
heraus, was Ewigkeitswert hat. Das nimmt sie mit, und
das bleibt in diese Sphäre eingeschrieben, von der wir
vorher gesprochen haben. Wir werden sehen, die Seele
braucht diese Impulse, diese Absichten wieder, damit sie
sagen kann: Wenn ich wieder auf die Erde komme – das
wird ihr hier zwar nicht so bewusst, aber es bleibt in dieser Sphäre liegen –, dann werde ich das wiederfinden,
was ich mir hier vorgenommen habe, um es in einem
nächsten Leben zu tun; ich will diesen Menschen wieder
begegnen, um wieder etwas in Ordnung zu bringen und
erledigen.

Aber jetzt geht es weiter. Immer höher steigt die Menschenseele aus dieser Sphäre der elementaren Lebens-

und Seelenkräfte auf, welche die ganze Erde und nicht nur den Menschen selber umgeben und durchdringen, wie ich das gerade deutlich gemacht habe am lebenden, wachen Menschen. Diese übersinnliche ätherische Welt, die auch die ganze Erde umgibt, daraus löst sich der Mensch heraus. Er steigt aufwärts durch die Seelenwelt, und jetzt kommt er in die eigentliche geistige Welt.

Die Begegnung mit dem Urbild des Menschen

Diese geistige Welt wird auch zum Teil von Menschen geschaut, die solche Nah-Todeserlebnisse haben. Es werden ihnen zwar bestimmte geistige Dinge gezeigt in der Ferne, aber sie können da noch nicht verweilen, sondern sie werden genau aus dieser Sphäre dann wieder zurückgeschickt. Diese Sphäre kann durch Rudolf Steiner noch etwas genauer beschrieben werden. Er schildert da Folgendes: In diese geistige Sphäre steigt jetzt die Seele auf, indem sie die Errungenschaften dieses einen Lebens mitnimmt, konzentriert, sammelt. Das ist die eigentliche höhere Geistwelt. Und in der höchsten Stufe begegnet die Seele dann einem besonderen Wesen. Sie hat dann ein Erlebnis, das sich nur so beschreiben lässt: Es ist wie das Urbild des Menschen, das Urbild aller Menschen. Dieses Urbild ist dort oben so, so sagt er im Vergleich, wie bei einem tief religiösen Erlebnis. So wie wenn wir auf der Erde eine Sehnsucht nach dem Geistigen haben und vielleicht einen Kultus verrichten, um in uns religiöse Erlebnisse zu erzeugen, so ist das in dieser Sphäre ebenfalls. Wenn man da oben ist, dann hat man das Gefühl: Dieses

Urbild des Menschen, das zeigt dir eigentlich, was du eines Tages bis in deine Leiblichkeit hinein als Mensch, und zwar als Gestalt, als Leib werden möchtest. Es ist wie das Ideal eines zukünftigen geistigen Leibes, einer geistigen Gestalt, in aller Vollkommenheit. In dieser Sphäre hat die Menschenseele plötzlich die Sehnsucht, eines Tages auch einen solchen rein geistigen, absolut vollkommenen Leib zu bilden, und das ist wie ein religiöses Erlebnis. Dieses Ideal, dieses Menschheitsideal, dieses Urbild da oben, so sagt Rudolf Steiner, ist ein mächtiges geistiges Gebilde. Und alles, was über den Menschen hinausgeht, das hat man hier in dieser geistigen Region als so etwas wie auf der Erde als Religion. Man ahnt: Da ist noch etwas Höheres. Und dieses Menschenideal, das man da drüben hat in der geistigen Welt, das wird dort jetzt Religion! – Wenn ich versuche, das ein wenig zu interpretieren, würde ich sagen: Es ist mehr als das, was man schon geistig erreicht hat. Und dadurch entfesselt es in der Menschenseele das Streben, dem nachzukommen.

Jetzt geschieht hier etwas mit der Menschenseele: Sie stellt sich in dieser höchsten geistigen Region mit ihren mitgebrachten geistigen Kräften diesem Urbild der Menschheit gleichsam gegenüber. Und das können wir mit dem zusammenschauen, was heute manche Menschen unmittelbar in der Sphäre der Todesnähe erleben, wenn sie dieses Lichtwesen schildern. Es hat dieses Urbild des Menschen etwas mit dem zu tun, was wir heute als Christus bezeichnen. Man kann auch sagen: Der Christus ist der Träger dieses Urbildes der Menschheit, dieses Idealbildes des Menschen. Deswegen heißt es: Ich war am Anfang, und ich werde sein am Ende; ich bin das Alpha, und ich bin das Omega. Das heißt, Christus hat im Grunde dieses Urbild des Menschen in sich, und er arbeitet darauf hin, dass alle Menschen sich zu diesem Urbild hin entwickeln werden.

Das wird jetzt erlebt, aber mit dem Teil der Menschenseele, von dem der Mensch sagen kann: Das bin ich schon, ich habe schon in mir etwas Geistiges, das bringe ich mit, das habe ich mir aus dem letzten Leben herausgezogen. Da habe ich gekämpft, gearbeitet, gedacht, gefühlt, gelitten, und ich bin ein Stückchen vollkommener geworden. Ich bin ein Stückchen näher an dieses Urbild herangekommen. Aber man kann sich vorstellen, dass da auch ein Erlebnis der Mangelhaftigkeit, der Unvollkommenheit auftritt gerade durch das Sich-eins-Fühlen mit diesem urbildhaften Wesen.

Betty Eadie beschrieb das so: »Ich bin aus der gleichen Substanz dieses göttlichen Wesens. Ich bin ein Eigenwesen, und doch bin ich aus der gleichen Substanz.« Und doch ist da ins Anschauen der Vollkommenheit hineingemischt die Erfahrung der Unvollkommenheit. Dabei erlebt man sich als Geist, und in dieser Diskrepanz entsteht jetzt die Sehnsucht, das, was man noch nicht ist, aber was man gerne werden möchte, was einem diesem Urbild der Menschheit, diesem Zukunftsbild des eigenen Menschseins nahebringt, wiederzubeleben. Das heißt, man möchte etwas tun, damit sich das vervollkommnet.

Das wird hier ein starker Impuls. Das weitere ist, dass zugleich jede Menschenseele, jeder Menschengeist in dieser Sphäre von diesem Urbild, von diesem Idealbild des Menschen so zutiefst durchdrungen wird, dass hier jetzt auch die Kraft aufgenommen wird, die ihn eines Tages wieder befähigt, auf die Erde herunterzusteigen und ein neues Leben zu beginnen. Wäre das nicht, würden wir nur anknüpfen an das, was wir im letzten Leben gewesen sind, dann würden wir wahrscheinlich bedeutend viel mehr Probleme haben. Ich sage nicht, dass wir sonst keine hätten, denn die vergangenen Erdenleben wirken ja nach. Bei einigen Menschen erscheint das sehr stark und offensichtlich so, dass sie von vornherein bestimmte Krankheiten, bestimmte Mangelerscheinungen veranlagen, die sie sich oft nicht erklären können, weder aus der Vererbung noch aus irgendwelchen anderen äußeren Umständen. Diese früheren Erdenleben wirken also nach, aber vor allem in der Kindheit merken wir: Da ist eine Kraft, eine Freudigkeit in uns, die uns zunächst wieder wie »von vorne« in diesem Leben arbeiten und leben lässt.

Nun geschieht aber etwas höchst Interessantes in dieser Sphäre, was uns als geistige Tatsache geschildert wird. Das muss man zunächst einfach einmal zur Kenntnis nehmen: In dieser höchsten Sphäre ist es nicht immer ein gleichbleibender Zustand, dass die Seele »ihre geistige Leuchtekraft seelisch ausstrahlt über die Umgebung, so dass Menschenseelen und andere Wesenheiten nun um sie herum sind und geistige Vorgänge von ihr erlebt werden.« Man ist hier nicht allein. Man muss sich vorstellen, dass eine unendliche Fülle von anderen Geistern und Menschenseelen in dieser Sphäre sind, auch jene, mit denen man im vergangenen Leben oder im früheren Leben zusammen war. Das heißt, es ist genau jene Sphäre, wo man in eine Art universelles Wissen eintaucht, welches so überwältigend großartig und weit sein muss, dass Menschen, die davon berichten, sagen: Es ist unendlich weise, es ist unendlich licht, und ich wusste alles, was es in dieser Welt gibt, ich wusste auch über alle Zusammenhänge der Menschen, mit denen ich jemals im früheren Leben und in diesem Leben etwas zu tun hatte. Es ist ein alles durchschauendes, unvorstellbar weit ausgespanntes Bewusstsein!

Dieses Ausgebreitetsein ist so, als verfügte man über Flügel, aber nicht Flügel aus Federn, sondern Flügel aus Bewusstsein. Ein Ausgebreitetsein der Bewusstseinskräfte, so dass das, in ein Bild gebracht, als eine Art engelartiges Wesen erscheinen kann. – Also man hat ein Bewusstsein von allen anderen Geistwesen, von allen anderen Dingen, die jemals mit einem auf der Erde zusammengehangen haben.

Dieser Zustand dauert jedoch nicht an. Jetzt beginnt etwas Rhythmisches, wie ein Atemprozess. Zuerst wird das Bewusstsein *ausgeweitet* in diese geistige Umgebung, diesem Menschheitsideal entgegen. Es wird aufgenommen, was man noch alles zu tun hat, um auch eines Tages ein vollkommenerer, sagen wir christusgemäßerer Mensch zu werden. Und indem man das aufgenommen hat in die Seele und auch alles, was mit anderen Menschen zu tun hat, beginnt wieder ein Prozess des *Zusammenziehens*. Denn würde nur diese Bewegung der geistigen Ausdehnung so weitergehen, so würde man sich in der Unendlichkeit des Kosmos verlieren. Insofern ist es eigentlich gut nachzuvollziehen, dass jetzt in dieser ewigen Menschenseele der Impuls entsteht, ganz für sich zu sein, sich wieder in sich hineinzuziehen, man könnte sagen, wie in einen Schlafzustand einzutreten gegenüber der geistigen Lichtwelt.

Jetzt erfahren wir weiter, dass im Laufe der Zeit, wo die Menschenseele in dieser Sphäre verweilt, nicht nur universelle geistige Kräfte aufgenommen werden, sondern es wird jetzt auch weiter zurückgeschaut – nicht nur in das letzte Leben. Das ist nämlich der Unterschied: Hier unten (siehe Skizze 2 auf S. 168), kurz nach dem Tod, schaut man in das letzte Leben zurück, aber in dieser höchsten geistigen Sphäre wird zurückgeschaut in frühere Inkarnationen, und zwar in alle Inkarnationen, die man jemals auf der Erde gehabt hat. Die werden jetzt zusammengeschaut. Man sagt: Ah ja, in diesem Leben hast du dies, in jenem jenes, in einem anderen Leben das erlebt und hast das an Fähigkeiten in dich aufgenommen. Und nun, im Angesicht jenes Idealbildes der Menschheit, im Hinblick auf die Zukunft wird gefragt: Was musst du denn in zukünftigen Inkarnationen alles durchmachen, in welchen Körper musst du heruntersteigen – in einen gelben, braunen, schwarzen, roten Körper? In welcher Gestalt, in welchem Volk, auf welchem Erdteil musst du Erlebnisse durchmachen, um bestimmte Fähigkeiten zu erwerben, um eines Tages wirklich diesem Urbild ähnlich zu werden? Das wird in dieser Sphäre geschaut, wird erlebt. Das heißt, es wird vorbereitet aus dem Zusammenschauen der zurückliegenden früheren Inkarnationen mit den notwendigen zukünftigen Inkarnationen, was die unmittelbar *nächste* Inkarnation für eine Aufgabe stellen soll.

Jetzt muss ein Wieder-Zusammenziehen stattfinden, denn wenn man im nächsten Leben alles auf einmal leisten wollte, was man noch vor sich hat, so würde das die Menschenseele zerreißen. Deswegen findet jetzt wieder ein Kontraktionsprozess statt, ein Zu-sich-Kommen dieser Menschenseele, indem sie jetzt das ausarbeitet, was sie *unmittelbar* in der nächsten Inkarnation tun möchte. In diesem Zusammenziehen, so schildert es der Geistesforscher, tritt wie von außen Dunkelheit ein um diese Menschenseele, wie in einem Schlafzustand. Und wieder taucht sie auf und nimmt wahr, was um sie herum ist, und zieht sich dann nach einiger Zeit wieder zusammen. Dieses Zusammenziehen, dieses Eintauchen in die eigenen Seelentiefen, in die eigenen Zukunftsaufgaben, wird immer stärker, so dass schließlich so etwas wie ein Höhepunkt eintritt, ähnlich wie beim Schlafen, in der Nacht: Wenn wir am tiefsten im Schlaf sind, sind wir eigentlich am höchsten in der geistigen Welt. Für unser normales Welt-Bewusstsein sind wir dann am tiefsten versunken. Wir machen also in der Nacht auch so etwas durch, dann holen wir uns auch die Kräfte, die wir brauchen und erneuern die erschöpften für den nächsten Tag.

Was drängt die Seele zu einem neuen Erdenleben?

Hier in dieser geistigen Welt und in dieser Phase ist die Menschenseele am tiefsten in sich selbst und in der Ausarbeitung ihres zukünftigen Lebens begriffen. Aber darin vollzieht sich etwas, dass sie sich plötzlich wie in einer tiefen Einsamkeit erlebt; sie bleibt immer länger mit sich selbst allein, sie erlebt tiefste Einsamkeit. Jetzt tritt etwas ein, was sehr interessant ist: Wenn wir als Menschen hier im irdischen Leben einsam sind und lange einsam sind, was entsteht dann in unserer Seele? Sehnsucht nach Gemeinsamkeit. Genau das schildert Rudolf Steiner: In dieser höchsten Einsamkeit des Mit-sich-beschäftigt-Seins und des Wissens, was zu tun ist, um einen neuen Schritt der Vervollkommnung zu machen, entsteht eine immer größere Sehnsucht, Sehnsucht nach einem Körper, Sehnsucht nach der Erde. Das drängt zur Tat. Genau wie im Irdischen muss ich hier oben, als zunächst noch körperloser Geist sehen können, wo ich diese Sehnsucht erfülle. Ich schaue herum: Wo kann ich meine Sehnsucht befriedigen? Dasselbe geschieht auch im geistigen Bereich mit der menschlichen Seele: Sie entwickelt eine *Wahrnehmungsfähigkeit* aus dieser Sehnsucht und schaut jetzt immer intensiver in diese neue Richtung herunter. Dieses Wahrnehmen, was hier zur Erfüllung ihrer Sehnsucht helfen könnte, führt sie jetzt immer weiter herunter in die sogenannte Seelenwelt – das, was ich hier als mittleren Bereich gezeichnet habe –, und jetzt sucht sie sich jene Seelenfähigkeiten, jene Seelensubstanzen, die sie braucht als Seele auf der Erde, um mit anderen Menschen denken, fühlen und handeln zu können.

Das heißt, sie umkleidet sich jetzt wieder mit Seelensubstanz. Das, was sie einst zurückgelassen hat beim Aufsteigen durch die Seelenwelt, weil es zu irdisch war, die verbrauchten Seelenkräfte, das nimmt sie jetzt, aber in einer frischen Form als reine Seelenkräfte wieder auf. Und sie umkleidet sich mit bestimmten Denkfähigkeiten, Gefühlsfähigkeiten, Emotionen und Eigenschaften, die wir oberflächlich gar nicht so gut beurteilen können, von denen wir aber doch aufgrund eines tieferen Verständnisses wissen könnten: Wenn ein Mensch diese Eigenschaften nicht hätte, ein bestimmtes Temperament, eine gewisse Schärfe seines Charakters, könnte er seine Aufgabe nicht erfüllen.

Das findet jetzt also die Seele beim Heruntersteigen in der Seelenwelt vor, und sie umkleidet sich jetzt sozusagen wieder – wenn ich das ganz allgemein ausdrücke – mit einem Seelenkörper, d.h. mit einem neuen Astralleib. Aber in dem Maße, wie sie das tut, wird jetzt ihr Bewusstsein für das rein Geistige immer dumpfer. Es verschwindet das Bewusstsein für die allerhöchsten geistigen Wesen und die universelle Weisheit.

Man kann sich vorstellen, dass das jetzt nicht einfach so weitergeht, dass die Seele sich jetzt nicht nur mit etwas Seelischem umkleidet, sondern sie braucht natürlich einen physischen Leib. Und jetzt beginnt intensiv die Suche nach dem Elternpaar, das eben einen solchen physischen Leib zur Verfügung stellt. Das führt zu einem Heruntersteigen in eine noch tiefere Sphäre. Es wird gesucht: Wo ist das Elternpaar, das einigermaßen den für die mitgebrachten seelischen Fähigkeiten adäquaten Leib aufgrund einer bestimmten Vererbung zur Verfügung stellt? Wo sind die Eltern und die anderen Menschen, mit denen man auch karmisch etwas zu tun hat? – Es ist heute außerordentlich schwer, bis man einen brauchbaren Leib findet und außerdem noch Menschenpersönlichkeiten, mit denen man vielleicht im früheren Leben in einer harmonischen Weise auch etwas zu tun hatte. Das muss unsagbar schwer sein!

Denn wie viele begabte junge Menschen gibt es heute, die z.B. mit ihren Eltern überhaupt nicht zurechtkommen! Es gibt ja viele, die weder böse noch gut zu ihren Eltern stehen, aber sagen: Ich habe mit denen nichts zu tun. Ja, sie haben mir den Leib gegeben und ich bin dankbar dafür, aber ansonsten habe ich innerlich mit ihnen nichts zu tun. Bis dahin geht das! Durch die geisteswissenschaftliche Erkenntnis gelangt man zu der Einsicht, dass das Karma der Menschen heute so durcheinandergekommen ist, dass man froh ist, überhaupt noch einen Körper zu finden, um auf dieser Erde zu wirken. Und es ist offenbar viel wichtiger, dass man auf diese Erde zu einem bestimmten Zeitpunkt herunterkommt und dann später Verbindung zu den Menschen sucht und anknüpft, mit denen man ein bestimmtes Schicksal, eine bestimmte Aufgabe erfüllt. All das wird heute immer schwieriger.

Die Menschenseele ist jetzt an dem »Verkörperungspunkt« angekommen, und der Abstieg geht immer schneller. Wenn jetzt die Seele einen Leib gefunden hat, dann muss sie sich selber auch einen ätherischen Leib aus der allgemeinen Ätherwelt zusätzlich zu dem Seelenleib, zu dem Seelenorganismus bilden, ohne den keine Verbindung zu dem rein physischen Leib entstehen könnte. So haben wir hier die eigentliche, auf die Inkarnation wartende Individualität (siehe Skizze), umkleidet mit einem Seelenorganismus, und jetzt am Schluss einen eigenen Lebensbildekräfteleib, und der mischt sich mit hinein in die Embryonalbildung und -gestaltung. Das heißt, von den Eltern wird gegeben der physische Leib, ein vererbter ätherischer Leib, aber man bringt auch seinen eigenen

Bildekräfteleib, man kann auch sagen, seinen eigenen energetischen Leib mit.

Nach der Geburt vollzieht sich daher die Auseinandersetzung zwischen der Seele des Kindes und den aus der geistigen Welt mitgebrachten anderen Leibern und der elterlichen Erbsubstanz. – Wie also der sterbende Mensch nach und nach beim *Heraufsteigen* in die geistige Welt seine irdisch geprägten Kleider zurückgelassen hat und zum All-Wissen aufgestiegen ist, so beginnt im Herabsteigen in ein neues Leben durch den Prozess des Sich-Umkleidens mit diesen neuen Leibern schon das allmähliche Vergessen der ganzen Erlebnisse, die in der geistigen Welt stattgefunden haben. Das hängt aber mit dieser Kraft zusammen, die die Seele jetzt braucht, um das zu organisieren: Geistige Bewusstseinskraft wird leibliche Organisationskraft. Es ist in der Tat ein mühsamer Organisationsprozess, eine Tätigkeit, eine Arbeit, sich eine entsprechende Seelenleiblichkeit aus der Seelensubstanz zusammenzuziehen, eine eigene ätherische Leiblichkeit, mit der das Kind dann auch in das von den Eltern gezeugte, leibliche Wesen einsteigt. All das ist eine unendlich mühsame Organisationsarbeit. Die ganze ursprüngliche Kraft der Erinnerungsfähigkeit des Wissens und der Weisheit, die man da oben geschaut hat, die verwandeln sich jetzt in Organisationskraft. Wenn man diese Organisationskraft zusammengezogen hat, dann ist das Letzte, was eintritt, dass man hinunter will, dass man jetzt etwas tun will. Das heißt, die letzte Stufe ist das Tun-Wollen in einem neuen Erdenleben und das Mitbringen ganz bestimmter Impulse.

Mit dieser langen Betrachtung haben wir zunächst

einmal eine Grundlage gewonnen zur Beantwortung der Frage: Warum vergessen wir all das, was wir an Erlebnissen und Einsichten über unsere Vergangenheit in der höchsten geistigen Sphäre hatten?

Das Urbild und die Lebensvorschau

Kurz vor dem wirklichen Geborenwerden – nicht erst ganz am Schluss, sondern kurz vorher – blitzt jedoch noch einmal etwas auf, was immer wieder als »Lebensvision« beschrieben wird. Es ist eine Vorschau auf das zukünftige Leben. Also nicht auf alle späteren, noch notwendigen, sondern auf das unmittelbar bevorstehende Leben. Auf diese Lebensvorschau können sich Menschen mitunter besinnen und später sagen: Da war doch was! Ich fühlte mich gemeinsam mit anderen Gestalten, die da gewartet haben und heruntersteigen wollten. Soweit sind Erinnerungen da. Häufig bleibt nur eine Ahnung davon, dass man etwas mitgebracht hat an bestimmten Ideen und Impulsen. Die Lebensvorschau, vor der Geburt, ist jedoch ein mehr oder weniger bildhaftes Vorausschauen, aber es muss sich nicht genau so verwirklichen. Bei Redfield ist das so geschildert: Man hat Aufgaben mitgebracht, und jetzt kommt man in die Lebensrealität hinein. Diese ist darum so anders, weil ja unten auf der Erde die Eltern und die Freunde und die Lehrer eben auch nicht ideal sind – jeder hat irgendwelche Fehler und hat irgendwas nicht geschafft, was er aus seiner eigenen Lebensaufgabe eigentlich hätte schaffen müssen. Jeder ist nun hier unten konfrontiert mit Menschen, die durch die größeren äußeren Umstände eben nicht ihre mitgebrachten, am eigenen Urbild orientierten Ziele realisiert haben. Das heißt, im Anschauen des Menschheitsurbildes zwischen den Leben wird ein eigenes Vorbild geschaffen, und zwar auch eine Art Urbild für die zukünftige, unmittelbar bevorstehende Verkörperung. Und in dem sind ganz bestimmte Aufgaben enthalten. Zum Beispiel eine Ärztin zu werden, die wieder mit natürlichen, geistgemäßen Mitteln arbeitet, heilen möchte. Oder ein Mensch, der im größeren Menschheitszusammenhang tätig sein möchte und so weiter. Das sind alles mitgebrachte Impulse. Aber *wie* man sie dann ausführt, das hängt eben ganz stark von den äußeren Umständen ab. Da sind wir wirklich konfrontiert mit der Härte, mit der Bedingtheit der größeren Umstände. Da tauchen wir mit unserem Einzelschicksal in das unendlich viel gewaltigere Menschheitsschicksal unter.

Damit komme ich wieder auf den Anfang zurück, wo jeder der Akteure in Redfields Roman sagte: Ich muss versuchen, wenn ich jetzt ein einigermaßen bewusst gewordener, erwachsener Mensch bin, mich an das zu erinnern, was ich mir einst vor dem Leben vorgenommen habe, mit bestimmten Menschen etwas zu tun, bestimmte Menschen zu treffen, bestimmte Aufgaben auf der Erde zu erfüllen – all das muss ich versuchen, mir so klar wie möglich ins Bewusstsein zu bringen. Wenn ich das schaffe, dann werde ich noch viel deutlicher sehen, was meine eigentliche Aufgabe in diesem Leben ist.

Sie wissen selbst, wie schwer das ist! Aber ich meine, wenn wir jetzt diese beiden Dinge sowohl von der Seite der empirischen Forschung als auch von der Geistesforschung aus angeschaut haben, so können wir auch verstehen, was Redfield mit dem Blick auf die Apokalyptische Zeit meint mit dem Ausdruck »die Vision halten«. Das ist im Moment die eigentliche Menschheitsaufgabe: diesen harten, uns herunterziehenden Materialismus – der eine bestimmte Aufgabe in der Vergangenheit erfüllt hat, aber jetzt in seiner einseitigen Brutalität und Dynamik gefährlich ist –, überwinden zu können. Dazu braucht man nicht nur das Gefühl, dass man ein geistiger Mensch ist, sondern man muss schon Visionen haben! Deswegen wird bei Redfield auch geschildert, dass die Menschen, die dazu fähig sind, nicht nur ihre eigene Lebensvision haben müssen, sondern sie müssen versuchen, auch eine globale *Menschheitsvision* zu haben, um ihre spezielle Aufgabe *darin* zu erkennen. Denn wenn ich nur mich selber verwirkliche, bringt das nicht so viel, wie wenn ich sage: Was ist denn meine Fähigkeit im Zusammenhang mit der übrigen großen Aufgabe, in der wir jetzt zum Jahrhundertende als gesamte Menschheit drinstehen?

Neue Seelenerlebnisse und neue Seelenfähigkeiten

Damit sind wir an den Punkt gekommen, wo ich noch einmal auf die Frage zurückschauen möchte, warum man alles, was vor dem Leben war, zunächst vergisst? Auch Menschen, die eine Nah-Todeserfahrung hatten, haben zumindest ein ganz intensives Erinnern, dass sie da oben alles gewusst haben; und jetzt, nachdem sie wieder, wie in einer Art zweiter Geburt in den physischen

Körper heruntergestiegen sind, haben sie große Schwierigkeiten, sich an die Einzelheiten zu erinnern. Es bleibt nur ein starkes Gefühl davon zurück! Auch hier macht sich das Gesetz der Verwandlung geltend: Erinnerungskraft wird Organisationskraft, das heißt, der Geist schlüpft in den Leib hinein.

Und daher müssen wir uns sozusagen wieder aus dem Leib herausbegeben durch mühsames Arbeiten, um an die Erinnerungen heranzukommen! Da gibt es verschiedene Meditationsmethoden. Doch es ist auf jeden Fall wichtig, dass wir die *Erinnerungskräfte* stärken. Allein das Erinnern der Lebensetappen in *diesem* Leben hilft, diese Kräfte zu stärken. Rudolf Steiner hatte gehofft, dass die Menschen da nicht nur bis an die Geburt, sondern bis vor die Geburt kommen, indem sie regelmäßig so intensive Übungen machen, dass sie ihre Erinnerungskräfte stärken. Eigentlich müssen wir alle schauen lernen, was wir uns vor der Geburt vorgenommen haben. Es gibt wenige, die das geschafft haben. Aber es bleibt als Aufgabe bestehen.

Eine andere Frage ist noch: In welchem Verhältnis stehen die in wenige Minuten zusammengedrängten Nah-Todes-Erfahrungen, über die wir gesprochen haben, zu dem, was der »regulär« sterbende Mensch erlebt, wenn dieser mindestens Jahrzehnte, wenn nicht Jahrhunderte braucht, bis er diese Sphären so durchgemacht hat, dass er wirklich wieder zu einem kräftigen Inkarnationsimpuls kommt? In Ausnahmefällen und in unserem Jahrhundert, wenn Menschen sehr früh sterben, sind es immerhin einige Jahre. Aber es sind auf jeden Fall lange

Zeiten. Das ist sozusagen der normale Weg des Menschen. Da spielen sich all die oben beschriebenen Vorgänge in ausgedehnten Zeiträumen zwischen zwei Leben ab.

Und nun sind wir mit der Tatsache konfrontiert, dass Menschen sehr differenzierte Nah-Todeserfahrungen kennen, in denen sie gewaltige Erlebnisse haben, Räume durchmessen und in diese höchsten Sphären zumindest hineinschauen. Und das geschieht innerhalb von fünf oder zehn Minuten! Das muss man sich einmal mit genügendem Nachdruck vor Augen halten, um das ganze Gewicht dieser Tatsache zu begreifen!

Was ist da passiert? Das ist die Frage, die ich mir angesichts dieser Tatsache gestellt habe. Denn diese Erfahrungen sind an sich seit langem bekannt. Aus den elementaren geisteswissenschaftlichen Darstellungen kennen wir sie: Nach dem Tod die Lebensrückschau, das Durchgehen durch die Seelenwelt, der Aufstieg der Seele, und nach einigen Jahrhunderten kommt der Mensch wieder herunter in einen neuen Körper. Es ist also nicht nur die Tatsache, dass die Stufen nach einem klinischen Tod oder nach einem Schockerlebnis so schnell durchlaufen werden, sondern dass die unendliche Fülle dieser Sphären oft mit allen Einzelheiten von den Menschen erlebt wird – das ist das Rätselhafte.

Etwas, was mir in der letzten Zeit durch die vielen Gespräche mit den Menschen mit Nah-Todes-Erfahrungen aufgefallen ist, ist Folgendes: Viele Menschen, die sich ja durch dieses Ereignis nicht nur mit der Seele und ihrem Ich, sondern auch mit ihrem ätherischen Leib aus dem physischen Körper – zumindest teilweise – herausgerissen erlebten, hatten das Erlebnis: Dieses Lichtwesen, das ihnen das Urbild des Menschen, das Idealbild des Menschen entgegenbringt, war und ist in einer unmittelbaren Nähe der Erde. Es trat ihnen gleich nach dem Tunnelerlebnis oder gleich nach der Lebensrückschau entgegen! Sie mussten häufig nicht erst ihre Lebensrückschau absolvieren, wie es die Geisteswissenschaft allgemein schildert, sondern es war innerhalb von Sekunden präsent. Und dann leuchtete da auch schon hindurch diese Seelenwelt, in der sie sich verbunden fühlten mit den Erlebnissen der anderen Menschen. Oder in anderen Fällen vergingen nur wenige Minuten, und sie kamen unmittelbar zum Anschauen dieses gewaltigen, sie durchdringenden, durchleuchtenden, durchwärmenden Lichtwesens und werden ihrerseits angeschaut. Es konnte sein, dass sie nach diesen wenigen Minuten zum Teil als verwandelte Seelen wieder in diesen Körper zurückkamen und andere Kräfte hatten, in manchen Fällen einen vom Bösen zum Guten verwandelten Charakter. – Was ist da passiert, dass das plötzlich so *schnell* ging und zudem auch häufig noch eine so außerordentlich *verwandelnde* und anhaltende Wirkung hatte?

Noch etwas anderes geht schnell, und das entspricht den Prognosen von Rudolf Steiner am Anfang des Jahrhunderts. Es ist das Phänomen, dass sich die Abstände der Inkarnationen verkürzen. Die Regel ist, dass ein Mensch dann wieder auf die Erde herunterkommt oder herunterkommen will, wenn die Erde sich verändert hat, wenn es Neues zu erleben gibt. Eine zweite Regel ist, dass man natürlich gern mit den Seelen, mit denen man früher zusammengelebt hat, auch wieder zusammen sein möchte. Im

Prinzip heißt das: Wenn die Erde sich verändert hat, kommt man wieder. – Wir wissen nun, dass in diesem Jahrhundert gewaltige Veränderungen stattgefunden haben, die früher Jahrhunderte gebraucht haben; sie haben in diesem Jahrhundert in Jahrzehnten, in Jahren stattgefunden. Das ist eine ungeheure Beschleunigung der Kulturentwicklung und der Veränderung der Erde. Man kann von daher vielleicht verstehen, dass auch eine rasante Beschleunigung dieses Inkarnationsprozesses stattfindet und dass dieses Jahrhundert – beginnend mit dem Jahr 1899 – an der Grenze der Entwicklung steht von einem rein materialistischen zu einem spirituellen, einem lichten Zeitalter. Darüber dürfen auch die gewaltig nachwirkenden Schatten des vergangenen, dunklen Zeitalters nicht hinwegtäuschen.

Geistige Himmelskräfte im Bereich der Erde und die Aufhebung der Zeit

Eine von Rudolf Steiners Aufgaben war es, das mit vorzubereiten. Deswegen hat er die zukünftigen Ereignisse vorausschauend so geschildert und gesagt: Es wird in der Mitte des Jahrhunderts den Menschen eine Hilfe zuteil werden. Es wird jenes Lichtwesen als Helfer erlebt werden können, das normalerweise in höchsten geistigen Höhen von den Menschen immer erfahren werden konnte und das wir als das Menschheits-Ich und zugleich als den Christus bezeichnen können, welcher vor zweitausend Jahren zum Himmel aufgestiegen ist – wenn wir mit theologischen Begriffen sprechen –, also in die höchsten

Sphären aufgefahren ist. Er konnte aber im Laufe der vergangenen zwei Jahrtausende dort von allen Mystikern gefunden und in ihrer Seele erlebt werden; nicht unbedingt durch Todeserlebnisse, sondern durch mystische Erfahrungen. Dieser Christus-Geist, der also immer von suchenden Menschen gefunden werden konnte, hat die Menschen, wenn sie ihn erlebt haben, auch verwandelt. Rudolf Steiner beschreibt nun weiter, wie das Christus-Wesen in diesem Jahrhundert der Erde nahe gekommen und wieder bis in jene unmittelbar an die Erde angrenzende Sphäre heruntergestiegen ist, die wir die ätherische Welt nennen; so dass seine Wirksamkeit sich bis in die Welt der Lebenskräfte erstreckt. Was nun seit der Jahrhundertmitte beim Tod passieren kann – auch bei der kurzzeitigen Nah-Todeserfahrung – ist, dass der Mensch sich nicht nur mit seiner Seele, sondern mit seinem ätherischen Leib heraushebt und in dieser angrenzenden Welt jenes Lichtwesen in einer solchen Intensität erlebt, dass es für ihn ganz eindeutig ist: Das ist jenes Wesen, das vor zweitausend Jahren schon einmal in einem menschlichen Leib gelebt hat und die Aufgabe hatte, die gesamte Menschheit mit seinen Liebeskräften zu durchdringen. Es kann jetzt in der unmittelbar angrenzenden ätherischen Sphäre erlebt werden!

Die andere Erfahrung ist, dass einer großen Anzahl von Menschen während des herausgehobenen Zustandes diese ganzen überirdischen Sphären in kürzester Zeit, das heißt innerhalb von wenigen Minuten zumindest gezeigt wurden. Es wurde ihnen auch gezeigt, was der Mensch in Wirklichkeit ist; auch andere Lichtwesen, die angrenzenden ätherischen Räume, die seelische Welt, die Sphären, wo auch die Seelen, die in der Dunkelheit gefesselt sind, verweilen. Selbst bis zu der höchsten Form der geistigen Welt, nämlich zu jener Lichtstadt, die die Apokalypse des Johannes beschreibt, wurde ihr geistiger Blick erhoben! Ich meine, des Rätsels Erklärung, wie dies in solcher für irdische Begriffe unglaublichen Kürze möglich ist, verdanken wir den Menschen, die das Erlebnis des in der Erdensphäre wirksam gewordenen, die Erde umspannenden Lichtwesens hatten, welches wir mit dem Namen des Christus bezeichnen. Er ist der Herrscher der Himmelskräfte im Bereich der Erde und damit auch der Herr über das menschliche Karma. – Ist es daher verwunderlich, wenn während einer solchen Erfahrung die Zeit aufgehoben erscheint?

Da liegt das Neue. Daher meine ich, dass die Menschen heute unabhängig von jeder Religion – ob sie Moslems oder ob sie Christen sind, katholisch oder evangelisch, oder auch keine äußere Religiosität haben – solche Erlebnisse haben können und dadurch zu neuen Zeugen des Christus-Wesens und einer neuen Christus-Wirksamkeit werden, unabhängig von jeder Kirche. Und das ist für die Kirche als Institution natürlich gefährlich, denn sie verliert dadurch ihre Macht. Das wird im ersten Buch von *Celestine* ähnlich geschildert: die Angst der Kirche, ihre Macht über die Seelen zu verlieren, wenn die Menschen selber zu geistigen Erlebnissen, und Begegnungen kommen.

Es sind erstaunlich viele Menschen, die heute auch wirklich zur Begegnung und häufig zu einer solchen Durchdringung mit diesem Christus-Wesen kommen. Das ist jene Erfahrung, von der Dorothea Rau-Lembke

sagt: Es hat ihr in ihren Rücken wie einen Stempel einge-
brannt mit einer Liebesaufgabe, die sie auf der Erde zu
erfüllen hat, so dass sie das nie vergessen wird. – Es vollzieht sich da während des herausgehobenen Zustandes
eine reale Imprägnierung des ätherischen Leibes und damit des ganzen Menschen durch diese Christus-Kraft.
Deswegen sind solche Menschen verwandelt und auch
so unerschütterlich in ihrem Erleben, wenn sie dann aus
neu erweckten spirituellen Fähigkeiten handeln. Sie sind
aber eben daher für ihre Mitmenschen mitunter auch
recht schwierig. Wenn sie dann an Menschen geraten, die
Materialisten sind, kann man verstehen, dass man sie
dann als verrückt bezeichnet, als Spinner oder als Son-
derlinge, und dass man versucht, sie sogar zu bekämpfen. – Ich meine, es ist in der nächsten Zeit wichtig, dass
die Menschen sich untereinander verständigen, welche
eine solche spirituelle Erfahrung machen. Und für sie
selbst ist wichtig, dass sie das, was sie erlebt haben, auch
verstehen lernen. Es gehört zu den Aufgaben der anthroposophischen Geisteswissenschaft, dazu beizutragen dass man nicht unverstanden und als Einzelner diesen Kampf kämpfen muss, in dem wir drinnen stehen
und der in der nächsten Zeit immer stärker werden wird.

Nun habe ich mich gefragt: Warum finde ich es so
wichtig, diese Dinge zu schildern? Und ich habe das
dann folgendermaßen auf den Punkt gebracht: Es ist
notwendig, dass wir nicht nur die *Theorie* haben, dass
der Mensch ein geistig-seelisches Wesen ist, welches in
einem Körper steckt, sondern dass wir uns das auch immer wieder zum *Erlebnis* bringen. Wir stehen vor der
Aufgabe, dass wir Situationen ergreifen bzw. sogar her-

beiführen, in denen wir uns darum bemühen, zu erleben: Ich bin ein geistig-seelisches Wesen in diesem Körper, in diesem Leben, und ich werde in einem späteren Leben in einem anderen sein. Ich trage auch die Erinnerung an vergangene Leben in mir. Und ich will mich fragen: Welche sind das? Und dadurch, dass ich im Laufe meiner Leben von Mensch zu Mensch gehe, von Körper zu Körper, aber auch durch die Völker und durch verschiedene Volksgruppen der Menschheit, hat die Reinkarnation der unsterblichen Menschenseelen in der Zukunft eine menschheitsverbindende, völkerverbindende, ich sage bewusst auch eine rassenverbindende, rassenversöhnende Wirkung.

Ich meine, man muss zunächst gar nicht an Christus glauben, aber durch das Ernstnehmen dieses Gedankens, dass ich ein geistig-seelisches Wesen bin und immer wieder in anderen Körpern und in anderen Völkern erscheinen werde, wird ein reales Erfahrungsgeflecht über die gesamte Menschheit hin ausgebreitet. Die Menschheit wird durchzogen von dieser Tatsache, so dass sie eines Tages eine sich selbst verstehende, auch geistig miteinander verbundene Menschheit wird. Das ist die Zukunftsvision, die wir pflegen und auf die wir hinarbeiten müssen, gemeinsam mit allen, die dazu auf dem Weg sind. Und das war mein Anliegen mit diesen Ausführungen.

Wie entstehen Erinnerungen
an die Zukunft?
Gibt es eine Umkehrung der Zeit?

Geistige Blicke in die Zukunft

Das Thema dieser Betrachtung wurde u. a. angeregt durch eine Veranstaltung, die wir hier im *Forum 3* hatten mit zwei Persönlichkeiten aus den USA, Tom Sawyer und Professor Kenneth Ring, die von ihrer jeweiligen langjährigen Tätigkeit berichtet haben. Sie haben sich mit den zahlreichen Erfahrungen befasst, die heute Menschen an der Schwelle zwischen Leben und Tod machen und die zum Teil zu sehr weitgehenden Einblicken in die jenseitige Welt führen. Dabei treten auch häufig erstaunlich weitgehende Einsichten in die Zukunft auf. Es sind also Einsichten in eine Welt, die jenseits unserer sinnlichen Wahrnehmung liegt, deswegen können wir sie die jenseitige oder geistige Welt nennen. Bei solchen Erfahrungen kommt es auch zu Einsichten in die verschiedenen Schichten dieser Welt.

Was wir da an Berichten gehört haben, war beeindruckend und ging zum Teil über das hinaus, was wir bisher durch Veröffentlichungen kennen. Ich möchte nachher eine kleine Geschichte vorlesen, die Tom Sawyer auch in seinem Buch[16] bzw. in einem Interview[17] genannt hat. Ich führe dies an, weil es charakteristisch ist und zur Verdeutlichung unserer Fragestellung führen kann.

1978 hatte Tom Sawyer einen Unfall, bei dem sein Brustkorb durch eine schwere Zugmaschine auf 10 cm zusammengedrückt und schwer verletzt wurde. Während dieser Zeit ist er aus seinem physischen Körper herausgetreten und hatte eingreifende Erlebnisse, bei denen er sich zunächst von außen gesehen hat und weitgehende Einblicke in diese eben genannten geistigen Welten gewann. Sein Bewusstsein weitete sich bis in die höchste Sphäre, die wir die »Vernunftwelt« nennen können und die von ihm sehr eindrücklich beschrieben wird. – Er schildert also folgende kleine Episode, die später aufgetreten ist, nachdem er wieder einigermaßen gesund geworden war, aber immer wieder die Möglichkeit hatte, bewusst aus seinem physischen Körper herauszugehen und Einsichten in die geistige Welt und damit eben auch in die Zukunft zu haben.

Und dies ist die Geschichte: Ein junger Terrorist im Libanon fuhr in einem Selbstmordkommando im Libanon mit einem mit Sprengstoff beladenen LKW auf eine amerikanische Basis zu, um sie in die Luft zu sprengen. Aber der junge Mann fuhr mit seiner Bombe nicht durch die Absperrungen, sondern stoppte seinen Lastwagen seitlich davon. Dort saß er für ein paar Minuten still in seinem Wagen, stieg dann aus, ging hinüber zur Basis und lieferte sich selbst aus. Er begründete seine Intentionsänderung damit, dass ihn Wolken von Liebe überwältigt hätten, so dass er seine Tat nicht habe ausführen können. Natürlich hätte er nicht zu seinen eigenen Leuten zurückkehren können, weil sie ihn getötet hätten. Was war geschehen?

Tom Sawyer hatte dieses Bild einige Zeit vorher in einer Vision gesehen. Er wusste auch den Ort. Er hatte dann mit vielen Menschen in Amerika gesprochen, mit denen er Verbindung hatte und die sich die Aufgabe gestellt haben, auf Grund solcher geistigen Mitteilungen zu versuchen, solchen Orten und zu diesen Menschen Liebe zu senden. Genauer gesagt: Das, was sie als Überschuss an solchen Liebeskräften haben, versuchen sie auszusenden, damit der Terror sich nicht immer weiter steigern möge. Denn sie wissen: Man muss versuchen, in der Welt nicht mit Vergeltung, sondern mit Liebe diese Dinge in Ordnung zu bringen. Es gibt eine ganze Reihe von Menschen und Gruppen, die sich solche Aufgaben gestellt haben.

Die Kenntnis dieses bevorstehenden Terroranschlages würde also vielen Menschen in Amerika, welche eine besondere Nahtoderfahrung hatten und daraus spezielle Kräfte und Aufgaben in das Leben mitgebracht haben, übermittelt. Ort und Zeitraum dafür waren bekannt. »Aber«, fragt Tom Sawyer, »können Sie telekinetisch einen LKW stoppen, bevor er sein Ziel erreicht? Nein! Können Sie den Menschen, telekinetisch töten, um ihn zu stoppen? Nein! Auch das kann man nicht. Aber man kann ihn mit Liebe attackieren«, so sagte er das damals, »damit er seine Einstellung ändert. Ja, das kann man! Als wir also von dem Terroranschlag, der bevorstand, erfuhren, taten wir unser Bestes. Wir wussten nicht, wie der Mann hieß, wie er aussah, aber wir wussten, dass es diese Person gab und dass sie diesen Anschlag in einer bestimmten Zeit ausführen wollte. Viele Menschen kamen zur richtigen Zeit zusammen und sie liebten diesen Menschen wirklich und wahrhaftig. Am Ende des betreffenden Tages wusste niemand in unserer Gruppe, ob wir Erfolg gehabt hatten. Zwei Tage später gab mir jemand einen Zeitungsartikel, der von einem Mann berichtete, der zu einer amerikanischen Basis fuhr, seinen LKW abstellte, ausstieg und zu den amerikanischen Soldaten hinlief und sich auslieferte. Er sagte, dass er von Liebe überwältigt worden sei und dass er in seinem Leben keine terroristischen Anschläge mehr ausführen könne. So hat also dieser beabsichtigte Anschlag nie stattgefunden. Der einzige Beweis, den wir haben, ist die Tatsache selbst und die Beschreibung der Gefühle des Terroristen.« Nun sagt Tom Sawyer: »Sie können selbst entscheiden, ob das ein ausreichender Beweis für die Tatsache ist, dass man mit Liebe Dinge in der Welt ändern kann.« Und er sagte ferner: »Ich wollte damit deutlich machen, dass wir die Möglichkeit und die dringende Aufgabe haben, uns zu ändern und dass wir durch unsere Liebe auch die Zukunft verändern können, die sonst sehr dunkel sein würde.«

Ehe uns Tom Sawyer hier verließ, sagte er noch: »Denken Sie am 9. und 10. Juni ganz besonders intensiv an den Libanon, dort wo Israel im Norden an den Libanon angrenzt, dort wird wieder ein solcher Terroranschlag vorbereitet. Denken Sie daran, versuchen Sie, diesen Menschen Liebe zukommen zu lassen, versuchen Sie zu beten.« Einige haben es versucht, haben zumindest daran gedacht. Sie waren zumindest wachsam und haben versucht, mitzubekommen, was passiert ist. – Nun, Sie wissen, dass gestern zwei solche Terrorattentate stattgefunden haben! Genau zu dem Zeitpunkt, der von Tom

Sawyer genannt wurde. Heute hat eine kurze Notiz in der Zeitung gestanden; auch in den Nachrichten heute früh ist ein Hinweis gekommen.

Wie immer man dazu stehen mag, selbst wenn man der Meinung ist, dass es ja doch nichts genützt hat, kann man das zumindest bewundern und die Frage haben: Wie geht das, dass Menschen Dinge vorausschauen können, ja vielleicht Dinge sogar ändern können? Nicht immer absolut, aber zumindest mildern können. Tom Sawyer hat auch solche Beispiele hier vorgebracht.

Damit kommen wir auf die eigentliche Frage, von der ich meine, dass sie eines der größten Rätsel des Lebens darstellt: Wie ist überhaupt Zukunftschauen möglich, und wie steht es dann mit der Freiheit des Menschen, wenn man die Zukunft schauen kann und feststellen muss, dass das Geschaute bis zu einem gewissen Grade tatsächlich eintritt, einschließlich eines bestimmten Zeitpunktes? Wie steht es damit, wie ist das möglich? Wie ist es mit der menschlichen Freiheit, wie ist es mit der Vorbestimmung des Menschen?

Damit schließt sich die weitergehende Frage an, die ich im Untertitel ja formuliert habe: Gibt es so etwas wie eine Umkehrung der Zeit? Könnte es sein, dass Dinge schon da sind, von denen wir nur nicht wissen, dass sie da sind, die nicht aus der Vergangenheit her geschehen, sondern die wie von der Zukunft her geschehen? Gibt es also so etwas wie eine aus der Zukunft in die Gegenwart verlaufende Zeit?

Rudolf Steiner hatte sich schon am Anfang des Jahrhunderts die Frage intensiv gestellt: Was ist die Zeit? Er

meinte: Wenn wir das Problem mit der Zeit lösen könnten, wir würden sehr viele Dinge auch im Leben erklären
können. Wir würden Herrscher über viele Dinge werden, wenn wir dieses Problem lösen könnten. – Was ist
Zeit, außer dem, was auf unserer Uhr mit Hilfe des Zei-
gers sichtbar wird?

Dieser kleine Vorspann war mir wichtig, wenn ich
mich jetzt schrittweise der Frage nähere, wie man sich
erklären kann, dass Zukunftsschau möglich ist, wie weit
wir frei sind, wie weit etwas vorbestimmt ist und wie das
mit der Zeit ist.

Kann man die Zukunft errechnen?

Blicken wir zunächst in das äußere Weltgeschehen. Sie
werden vielleicht im »Spiegel« vom 10. Juni 1996 einen
Artikel gelesen haben über *Habitat 2*. Es ist angeblich
das letzte große Gipfeltreffen, das in diesem Jahrhundert
stattfindet zwischen den großen Vertretern der Völker
über die Entwicklung der Städte, über die Entwicklung
der Stadtkultur, weil man weiß, diese Stadtkulturen werden das Leben der Länder bestimmen. Heute lebt etwa
jeder dritte Mensch auf der Erde in einer Stadt, und wir
haben eine große Zahl von Städten, die über 8 Millionen
Einwohner haben, Tokio bereits über 23 Millionen
Menschen. Riesige Städte, Mammutobjekte sind das.
Und es wurde gesagt, dass sich diese Mammutstädte im
nächsten Jahrtausend noch vermehren werden, dass sie
also zunächst einmal an Größe zunehmen werden. Städte, die heute nur 8 Millionen Einwohner haben, werden

dann an die 20 Millionen Einwohner haben. Sie werden sich außerdem ausbreiten, und im Jahre 2020 wird jeder zweite Mensch der Erde in einer Stadt leben.

Der italienische Zukunftsforscher, der in diesem Spiegel-Artikel genannt ist, Ricardo Petrella, hat sich intensiv mit diesen Fragen beschäftigt. Er hat eine Hochrechnung gemacht, die er mit großem Engagement vorgetragen hat. Es gibt auch weitere Untersuchungen, die von anderen großen Forschungseinrichtungen gemacht worden sind. Man kommt schließlich zu dem Ergebnis, dass diese Entwicklung offensichtlich nicht aufzuhalten ist, dass von den ländlichen Gebieten immer mehr Menschen in die Städte hineinströmen und dort allerdings zum großen Teil in Armut und Elend versinken. Das heißt, es wird da das Bild erstellt, dass in diesen Städten auf der einen Seite die Motoren für die gesamte Wirtschaftsentwicklung der Zukunft und auch bereits der Gegenwart zu finden sind. Teile der Menschheit werden in großem Reichtum leben und werden sich schützen müssen, einbunkern müssen gegen das, was um sie herum an Kriminalität und an Armut entsteht. Und auf der anderen Seite werden die Städte an den Randgebieten immer mehr verslummen. Also eine Aufspaltung in Reich und Arm tritt ein. Das wird zu ganz großen sozialen Krisen führen, und man weiß nicht, wie man das lösen soll.

Dieses Gipfeltreffen *Habitat 2*, das in Istanbul stattfindet – einer Stadt, die jetzt 7 Millionen Einwohner hat –, beschäftigt sich mit diesen Problemen und will versuchen, dem entgegenzusteuern. Das heißt, es versucht Konzepte zu entwerfen, die reine Ideen sind, aber auf der anderen Seite doch auf Dingen aufbauen, die heute faktisch erwiesen sind und die man praktisch durch die großen Rechenanlagen hochrechnen und zu Zukunftsbildern entwickeln kann. Dann kommt heraus: Wenn wir die Entwicklung so laufen lassen, wird genau das eintreten, was ich beschrieben habe, eine Spaltung der Menschen, und es werden dadurch auch Kriege ausgelöst werden, die eben von diesen Stadtgesellschaften ausgehen. Die anderen Gebiete werden durch diese Probleme, die in den Städten eintreten, mit hineingerissen werden. Und deswegen versucht man, eine Art Zukunftsforschung zu machen: Was muss für die Zukunft projektiert werden, damit das nicht eintritt und die Menschen nicht mit all den entsprechenden Folgen in diese Situationen hineingerissen werden? Denn es ist ja nicht nur das Bevölkerungswachstum ein Faktor, auch die psychologische Entwicklung der Menschen ist ein Faktor. Das heißt, es ist auch ein psychologischer Faktor, wenn die Landbevölkerung immer stärker in die Städte hereindrängt. Denn Menschen, die auf dem Lande geboren werden, wollen selbstverständlich an dem teilnehmen, was eben das Prägende unserer heutigen technischen Zivilisation ist. Darin wollen sie leben, sie wollen an dem Reichtum mit teilhaben.

Nun hat das Folgen im Hinblick auf die Technik. Wenn wir nur an China denken: Dort wird mit der Automobilproduktion in immer schnellerem Tempo fortgeschritten, und die Zahl der Automobile auf der Erde im Anfang des zweiten Jahrtausends, im Jahre 2010, wird etwa doppelt so groß sein wie heute. Und damit bekommen wir eine weitere Vergiftung und Erwärmung der Atmosphäre, eine Abschmelzung der Polkappen, ein Ansteigen der Meeresspiegel usw. Und da ein großer Teil dieser Großstädte jetzt wieder in Meeresnähe liegt, werden gerade diese Städte, die sich in dieser Form entwickeln, gefährdet sein.

Wenn man also solche in der Vergangenheit gesammelten Fakten aufgrund des gesamten verfügbaren psychologischen, soziologischen, geologischen, klimatologischen Wissens zusammenschaut und aufgrund der gewaltigen Rechenkapazitäten der großen Rechenanlagen in Wechselwirkung bringt, kommt man zu gewissen Zukunftsbildern und kann jetzt von der Zukunft her die Gegenwart zu gestalten versuchen. Ob das gelingt, ist eine ganz andere Frage. Denn Sie wissen, dass der Umweltgipfel in Rio kaum etwas gebracht hat. Die Entwicklung ist in der gleichen Weise negativ weitergegangen. Trotzdem wissen die Menschen heute, dass wir die Zukunft anschauen müssen, um die Gegenwart entsprechend zu gestalten!

Man benutzt dafür also rechnerisch verarbeitete Fakten, die auf dem beruhen, was man aus der sinnlichen Erfahrung, aus der irdischen Erfahrung herausbekommen hat. Es sind hochgerechnete Vergangenheitswerte. Was aber in diesen Fakten nicht oder kaum berücksichtigt wird, ist die Tatsache, dass vielleicht Menschen auf die Erde kommen, auf die dieses Ganze, was da als Fakt aus der Vergangenheit in Bezug auf die psychologischen Verhaltensweisen der Menschen hier in den Rechner hineingespeist wurde, vielleicht gar nicht zutrifft oder dass Menschen im Laufe dieser Entwicklung ganz andere geistige Richtungen einschlagen werden. Es ist eine reine Hochrechnung. Es ist ein Entwickeln von Bildern, die auf Grund von Vergangenheitsfakten zusammengetragen worden sind. Und trotzdem versucht man, sich solche Bilder zu machen. Ob sie richtig sind, ist eine große Frage. – Aber Sie sehen, diese Zukunftsbilder haben Wirkungen, sie bestimmen das Handeln, zumindest die Motivation der Menschen, die in der Technik tätig sind. Die Zukunft bestimmt also immer mehr die Gegenwart, auch in der heutigen Zeit. Diese Erkenntnis ist zumindest theoretisch vorhanden und wird sich durch die Nöte der Zeit weiter verstärken.

Das war nicht immer so. Früher haben die Menschen einfach, soweit sie noch in mehr ländlichen Verhältnissen gelebt haben, etwas angebaut und waren mit den Früchten ihrer Arbeit zufrieden und haben sie verzehrt. Sie haben nicht in größeren Zeiträumen von der Zukunft her gedacht, zumindest als normale Menschen nicht. Wir müssen allerdings berücksichtigen, dass es in früheren Zeiten doch auch Menschen gab, die von der Zukunft her gedacht und geschaffen haben, aufgrund übersinnlicher Wahrnehmung, d.h. aufgrund übersinnlicher Begegnungen mit geistigen Wesen, die ihnen etwas über die Zukunft gesagt haben. Aber in Bezug auf die jüngere Vergangenheit müssen wir sagen: Die Menschen haben aus der Vergangenheit gelebt und wurden durch die unmittelbare Gegenwart bestimmt, zumindest, was ihr bewusstes Handeln betrifft.

Doch heute ist dies anders geworden. Seit der Jahrhundertmitte muss die Gegenwart bewusst von der *Zukunft* her gestaltet werden. Das hat einen bestimmten Grund. Es sind seit der Jahrhundertmitte Ereignisse eingetreten, soziologischer, aber auch spiritueller Natur, die gravierend sind und die wir beobachten können an den Phänomenen einer total veränderten Verhaltensweise der Menschen, an ihren sozialen, sexuellen, spirituellen Verhaltensweisen usw. Es sind also seit der Jahrhundertmitte Dinge eingetreten, die *notwendig* machen, dass wir unser Leben bewusst von der Zukunft her gestalten. Diese Form der Zukunftsforschung, wie sie z.B. von Ricardo Petrella betrieben wird, hat einen Vorläufer, den viele von Ihnen sicher zumindest dem Namen nach kennen werden: Robert Jungk. Robert Jungk war der renommierteste Zukunftsforscher, den wir hier in Deutschland hatten. Er hat lange in Amerika gelebt, hat ja bekannte Bücher geschrieben wie »Die Zukunft hat schon begonnen«, »Der Jahrtausendmensch« usw.

Robert Jungk hat nun folgende Entdeckung gemacht. Er sagt, wenn wir so vorgehen, dass wir die Vergangenheit hochrechnen, dann kommen wir nicht zu den wirklichen Entwicklungen der Zukunft. Wir brauchen seiner Ansicht nach vier Faktoren, um wirkliche Zukunftsforschung zu machen. Das erste sind *Fakten*, die müssen wir zusammentragen, das zweite ist *Trendforschung*. Das orientiert sich natürlich noch an der Vergangenheit, aber da müssen, soweit es möglich ist, die Entwicklungstendenzen, die in die Zukunft hineinführen, beobachtet werden. Das ist außerordentlich schwierig, denn Trends sind sehr kurzlebig, da kann man nicht sieben Jahre geruhsam forschen, denn dann ist der Trend vorbei, sondern man muss auf Grund der unmittelbaren *persönlichen* Wahrnehmungen diese Beobachtungen einbeziehen. Dann, so Jungk, setzt etwas Neues ein, was scheinbar unwissenschaftlich ist, aber unersetzlich für die Zukunftsforschung, und das ist *Phantasie*! Wir müssen diese Dinge mit unserer ganz persönlichen Phantasie verarbeiten. Und dann nennt er einen vierten Faktor, den man braucht, nämlich *Intuition*.

Also Sie sehen, Robert Jungk ist weitergegangen. Er hat gesehen: Der Mensch muss sich persönlich mit seiner Phantasie einschalten, und er braucht außerdem noch Intuitionen, auch die Phantasie alleine reicht nicht. Deshalb hat er viele Gespräche mit seinen Studenten in Berlin geführt, er hat Gemeinschaften begründet, die Zukunftsforschung betrieben haben, weil er sagte: Zukunftsforschung oder Zukunftswissenschaft ist keine reine Ist-Wissenschaft, sondern sie ist eine Soll-Wissenschaft, d.h. wir müssen sie ja mitschaffen und wir sind als Menschen mitschaffend dabei. Das heißt, was wir denken, wie wir die Zukunft denken, das wird die Gegenwart bestimmen

Jungk hat also jene berühmten Workshops, jene Gemeinschaften, jene Zukunftswerkstätten, wie er das nannte, gegründet überall auf der Erde, wo er mit Menschen gesprochen hat. Und er hat ihnen Aufgaben gestellt: Schaut, was ist, aber schaut in eure eigene Phantasie. Fragt euch, was ihr wollt, fragt, was ihr fühlt und aus dem, was ihr wisst, was ihr wollt und was ihr fühlt, daraus müsst ihr die Zukunft schaffen. – Jetzt kann man natürlich fragen: Ja ist denn das etwas Reales, wenn ich meine Phantasie und meine Gefühle befrage, was ich als Mensch in der Zukunft will, was ich vielleicht in der ferneren Zukunft gern hätte und wenn ich dann abwarte, was mir da für eine Intuition kommt? An was appelliert denn eigentlich diese Blickrichtung? Da muss man sagen, sie wendet sich an eine tiefere Schicht des Menschen, die unterhalb des bewussten menschlichen Vorstellens und Denkens liegt. Denken tun wir im Wesentlichen das, was wir draußen sehen, das können wir auch nüchtern und logisch zusammenbringen. Aber schon das, was halbbewusste, vielleicht mehr träumerisch vorhandene Gefühle sind, Hoffnungen, die wir haben oder Meinungen, es könnte in der Zukunft dies und jenes eintreten oder notwendig werden, all das liegt in einem viel tieferen Bewusstseinsbereich und ist viel schwerer zu fassen.

Neuere Wege der Zukunftsforschung

Aufgrund dieser Tatsache haben amerikanische Zukunftsforscher schon in den sechziger Jahren eine Methode entwickelt, die sie die Delphi-Technik nannten. Denn sie hatten bemerkt, dass besonders junge Menschen, wenn man sie fragt, was sie wollen, es nicht formulieren können. Sie haben Gefühle, aber sie können sie nicht in Worte bringen. Und diese Forscher haben dann aus dem, was sich bestimmte Menschen an Zukunftsvorstellungen gemacht haben, so gut es ging bestimmte Szenarien entwickelt, und zwar mehrere Szenarien, mehrere *Bilder*. Dann haben sie Menschen zusammengerufen aus verschiedenen Bevölkerungsschichten und haben ihnen diese vier, fünf oder sechs verschiedenen Bilder, diese Szenarien vorgelegt, vorgelesen, vorgespielt, ins Bild gebracht. Jetzt haben sie abgewartet, wie die Menschen darauf reagierten. Sie haben sie als eine Art Orakel betrachtet, wo man auch unterschiedliche Deutungen haben konnte, aber sie haben festgestellt: Wenn man den Menschen fertige Bilder vorlegt, dann kommen gefühlsmäßige, willensmäßige Reaktionen aus ihnen hervor und das gibt wesentlich bessere Zukunftsprognosen, als wenn wir nur Computer die Dinge hochrechnen lassen. Das heißt, diese Forscher haben den tieferen, den fühlenden, den wollenden Menschen schon miteinbezogen in dieser sogenannte Orakeltechnik (daher »Delphi-Technik«, nach dem Orakel der alten Griechen).

In den sechziger Jahren hat auf einer ganz anderen Ebene die amerikanische Psychologin Helen Wambach[18] angefangen, auch Zukunftsforschung zu betreiben. Später ist Dr. Snow dazugekommen, der diese Arbeit weitergeführt und übernommen hat. Wambach hat Folgendes herausgefunden. Sie hat die Menschen mittels einer Technik der Tiefenentspannung[19] in die Vergangenheit geführt und sie aufgefordert: »Gehe zurück in dein 30., 25., 18., 15., 7., 3. Lebensjahr, gehe bis an deine Geburt und jetzt schau, was vor der Geburt war, was du vor der Geburt mit deiner Seele erlebt hast!« Das Interessante war nun, dass sie bei 800 Personen, die sie im Laufe der Jahre untersucht hat, herausfand, dass diese Menschen eine Schau hatten, die das ganze Leben miteinbezogen

hat und in welcher sie sich vor der Geburt als Seele außerhalb des physischen Leibes erlebten. Sie hatten also
im Prinzip einen Lebensvorblick und machten u.a. Aussagen folgender Art: Ich bin auf die Erde gekommen,
weil ich weiß, es wird große Krisen geben, aber diese
Krisen auf der Erde, die brauche ich, um viel Neues im
Leben zu lernen. – Es wird Auseinandersetzungen zwischen Männern und Frauen geben, und ich bin auf die
Erde gekommen, um etwas beizutragen zu dieser Problematik der Geschlechter. – Ich weiß, dass große Katastrophen eintreten. Ich will dabei sein, um zu helfen, ich
bin gekommen, um auf der Erde Liebe zu lernen. – Ich
bin in diesem Jahrhundert auf die Erde gekommen, weil
ich weiß, es werden große Umwälzungen stattfinden,
weil ich bestimmte Dinge zu meinen Fähigkeiten hinzu-
erwerben möchte.

Dies sind so ein paar kurzgefasste Aussagen, die sie bei
den 800 Menschen gefunden hat. Und diese Entdeckung,
dass dieser Lebensvorblick sich nicht nur auf etwas be-
zog, was die Menschen schon gelebt hatten, sondern weit
in das Leben vorauswies, das sie noch nicht gelebt hatten,
also zwanzig, dreißig Jahre weiterging – also über den
Zeitpunkt der Untersuchung hinaus –, hat sie noch syste-
matischer angewendet, als sie mit Dr. Chet Snow zusam-
menarbeitete, der zu ihr gefunden hatte; zunächst als Kli-
ent, dann als Mitarbeiter. Er hat sich als ein besonders be-
gabter Mensch herausgestellt, der weite Vorblicke, nicht
nur in sein persönliches Leben haben konnte, sondern in
die Entwicklung der Erde überhaupt. Er veröffentlichte
das dann in dem Buch »Zukunftsvisionen der Menschheit«[20]. Er beschreibt da insbesondere die Jahre 1996/97/

98 bis zum Jahre 2004. Dann noch weitergehend, die Zeit 2050, 2100 und noch weitere Jahrhunderte, die er kurz streift. Er wurde durch Helen Wambach zurückgeführt in die Zeit vor seiner Geburt, hat dann aber auf der rein geistigen Ebene in eine Sphäre geschaut, wo er nicht nur sein jetziges Leben überblickte, sondern sogar sagen konnte, was am Ende dieses Jahrhunderts sich ereignen wird, bzw. was sich unter Umständen ereignen könnte. Sein Blick ging auch in eine zukünftige Inkarnation. – Er hat bestimmte Aussagen gemacht, die außerordentlich spannend sind, wenn man sich die Frage offen hält, ob die Ereignisse tatsächlich in dieser *Form* eintreten müssen.

An dieser Stelle möchte ich noch eine Bemerkung einfügen. Wenn wir von der Erkenntnis ausgehen, dass auch Gedanken geistige Wirklichkeiten sind, so werden diese Gedanken zum Bestandteil einer bestimmten Sphäre der geistigen Welt. Ihr geistiger Realitätscharakter ist umso stärker, je mehr solche Gedanken mit Gefühls- und Willenskräften der Menschen »gesättigt« sind. Ein weiterer Faktor wirkt noch einmal verstärkend, nämlich wenn eine größere Anzahl von Menschen die gleichen Gedanken in dieser Weise denkt, fühlt, will. Auch das wird Bestandteil der geistigen Welt und kann dadurch von visionär begabten Menschen als mögliche Zukunft geschaut werden. Man denke z.B. an viele bekannt gewordene Zukunftsprophezeiungen eines Dritten Weltkrieges, der demnach in den 70er oder 80er Jahren in Mitteleuropa hätte stattfinden sollen. Was aber tatsächlich stattfand, sind die virtuellen bzw. realen Manöver großer Truppenverbände und die gewaltigen Vernichtungs*vorstellungen*, gepaart mit entsprechenden Emotionen, bezogen auf präzise Geländegewinne. Durch diese aktiv beteiligten Menschen ist eine geistig-seelische Realität erzeugt worden, die eben *auch* geschaut werden kann und als physisch-realer Krieg *gedeutet* wird. Dass er *nicht* in dieser Weise stattfand, dafür waren wieder andere geistige Kräfte und Vorgänge wirksam. Dabei kann verständlich werden, dass gerade bei der Deutung des bildhaft, imaginativ Geschauten entsprechende Irrtumsmöglichkeiten vorhanden sind.

Wie können Zukunftsbilder entstehen?

Wir stellen also fest: Es gibt immer mehr Menschen, die solche »Voraussichten« haben, so wie wir das auch bei Tom Sawyer kennenlernen konnten: Die Aussage war korrekt, das Ereignis ist eingetreten – wenn auch in der veränderten Form. Aber wie steht es jetzt mit der Erklärung? Wie ist so etwas möglich? Diese Hochrechnung und Entwicklung von Zukunftsbildern mit Hilfe von Rechnern ist also die eine Sache und das, was ich gerade geschildert habe, eine andere.

Ich möchte das an einem Bild kurz verdeutlichen (vergleiche hierzu Skizze 3 auf S. 168)

Wir haben hier die physisch-sinnliche Ebene, die Welt, die wir mit unseren Augen sehen, dann die Lebenswelt, hier mit »irdische Lebenssphäre« bezeichnet. Aber wir haben auch ein Bilderleben in der Seele, was nicht eine Wiedergabe der physisch-sinnlichen Welt darstellt, sondern das ähnlich ist dem Traumerleben. Und die Zukunftvisionen, die diese Menschen haben, zeigen sich in Bildern, aber es sind nicht unbedingt Bilder, die sich auf die jetzt vorhandene, äußere sinnliche Welt beziehen, sondern sie zeigen ja Zukunftsereignisse, sie zeigen den Menschen Landschaften, Gegenden, Menschen, die sie persönlich oft gar nicht kennen; und das ist etwas anderes als die normalen Vorstellungsbilder, die wir haben. In diese Ebene, wo Menschen das schauend erleben, ragen die Menschen herein mit ihrem Bewusstsein, geistig, nicht physisch. Physisch ist der Mensch eben beschränkt auf die physische Ebene, da ragt er gerade in die Lebenswelt herein, steht mit seinen Beinen auf dem Boden, aber geistig ragt er mit seinem Bewusstsein zum Teil in diese Bilderwelt herein.

Wenn er nur Bilder hat, aber diese Bilder nicht versteht, sprechen wir von einem imaginativen Erleben. Wenn er aber auch noch etwas versteht, so dass ihm unmittelbar klar wird, was es heißt, was es bedeutet, dann ragt der Mensch auch in diese Inspirationswelt herein. Es wird tatsächlich auch von vielen Menschen so geschildert, dass sie es erleben, wie wenn das telepathisch in ihnen auftritt, ein Wissen von dem Ereignis, was eine Lichtgestalt oder ein Wesen bedeutet oder was es sagen will. Das ist, wie wenn es ihm »zugehaucht« wird, es ist also kein physisch-sinnliches Hören, sondern eine Art telepathisches Verstehen. Wir bezeichnen diese Art des Verstehens als »Inspiration«.

Das muss nicht immer zusammen auftreten, sondern es gibt Bilder, die nur Bilder sind und dann weiß man nicht, was sie darstellen. Aber in dem Augenblick, wo wir sie verstehen, ist es *zugleich* ein inspiratives Erleben.

Nun gibt es ein noch Höheres, wo wir sagen können,

da ragt der Mensch herauf bis in die sogenannte Intuitionswelt. Das lässt sich dann so verstehen: Der Mensch ist »eins«, er erlebt sich nicht nur als einer Gestalt, einem Ereignis gegenübergestellt, sondern er ist wie in dem Ereignis drinnen, er ist mit diesem Wesen, das dieses Erlebnis hervorruft, tatsächlich eins. Es ist ein Einssein, anders kann man das nicht beschreiben, d.h. ein Innendrinnen-Sein, Intuition also; man kann das nicht treffender übersetzen als mit diesem Wort. Und dieses völlige Einssein mit dem, was man da schaut, versteht und erlebt, das ist das, was Tom Sawyer erlebt hat, was er dann mit den Worten ausdrückte: Ich bin eins mit dem universellen Wissen.

Das hängt auch mit der Tatsache zusammen, dass Sie, je weiter Sie heraufsteigen in diese geistigen Welten, desto »mehr« sehen. Mit unseren normalen Vorstellungen haben wir einen sehr schmalen Ausschnitt der Welt. Mit diesem imaginativen Erleben, wenn wir in die imaginative Welt heraufsteigen, haben wir schon ein größeres Spektrum von Erlebnissen. Wenn wir das auch noch verstehen, dann wird es immer »größer«, und wenn wir in die Intuitionswelt heraufsteigen, dann ist es für Ihr Erlebnis so, als wenn Sie »alles« verstehen würden, was überhaupt in der Welt passiert, woraus die Welt geschaffen und gestaltet ist und wie sie in Zukunft werden soll, jenseits von Raum und Zeit, je nach dem Wesen, mit dem Sie sich in dieser Welt verbinden. Das ist das Erlebnis der Intuition.

Allerdings – und hier geschieht das immer wieder Erstaunliche und zugleich Schmerzliche –, wenn man dann wieder heruntersteigt in seinen räumlichen physischen

Körper, hat man zwar die Erinnerung an das Erlebnis, dass man dort war, wo man alles gewusst hat, aber man vergisst die Einzelheiten. Man ist mit seinem Bewusstsein wieder in der Zeit! Da liegt das Problem. Und deswegen wusste Tom Sawyer, nachdem er wieder in seinen physischen Körper zurückgekehrt war, sich gesundet hat, immer: Ich war in einer Welt, wo ich alles wusste, wo ich das universale Wissen in mir hatte, ich war mit ihm eins, ich war durchdrungen von ihm. Aber jetzt, zurückgekehrt in den physischen Körper – und damit in das physische Gehirn – , da tritt das eben nur stückchenweise auf. Immer wieder traten nun einzelne Fetzen in sein Bewusstsein, und er musste das erst in sein physisch-sinnliches Bewusstsein, in seine Gedanken »herunterarbeiten«. So kann er dann auch solche Zukunftsvisionen schildern. Dazu gehört u.a. die Möglichkeit des Vorausblicks auf das, was am 9. und 10. Juni hier passieren würde.

Rückblick in die Lebensvorschau und Zukunftsvisionen

Lassen Sie mich noch einmal etwas genauer auf das eingehen, was die Forschungen von Helen Wambach und Chet Snow ergeben haben. Helen Wambach hat diese 800 Menschen, mit denen sie gearbeitet und die sie mit ihrem Bewusstsein aus dem physischen Leib herausgeführt hat, zurückschauen lassen in die Zeit vor der Geburt. Dadurch haben sie dann ihr Leben auch von diesem Zeitpunkt aus *vorwärts* überschauen können, d.h. die Zeit, die sie eben noch weiterleben sollten. Das waren dann vielleicht noch 40, 50 Jahre, also von da an ein bestimmter Lebensabschnitt; zum Teil schauten sie voraus, dass sie früh sterben sollten. Das heißt, sie haben einen Teil der geistigen Welt überschaut, der sich auf die Zeit bezieht, in der sich ihr Leben abspielen soll. Das sogenannte wissenschaftliche Verfahren, welches Helen Wambach angewendet hat, war nun wie folgt.

Sie hat nicht nur eine Person, eine besonders begabte wie Chet Snow, herausgehoben und ihre Vision erzählen lassen, sondern hat versucht, das abzusichern. Sie sagte sich: Wir müssen flächendeckende Untersuchungen machen. Es wurde also eine größere Anzahl von Menschen durch das bekannte Verfahren in den Zustand zurückgeführt, in welchem sie die vorgeburtliche Zeit und damit auch einen Lebens-*Vorblick* erlebten. Jetzt zeigte sich: Diese Menschen haben in diesem Zustand Einsichten in das, was sich in der Zukunft hier abspielen wird. Das wurde aufgelistet, statistisch ausgewertet, und es wurde festgestellt, dass sich durch die Aussagen der Menschen, die man in diese Zukunftsschau hineingeführt hat, ein bestimmter Durchschnitt ergab. Diese Menschen erlebten übereinstimmend, das heißt sie »schauten«, dass dieses Jahrhundertende insbesondere ab 1996/97/98 in immer größere, sich ausweitende Lebenskrisen, Erdkrisen, Wetterkatastrophen führen wird. So dass man sagen konnte: Wenn schon von 800 Menschen ein ganz großer Teil immer wieder das gleiche schaut, dann muss das wohl stimmen; rein statistisch jedenfalls. – Diese Untersuchungen wurden in den 60er und 70er Jahren gemacht. Die spezielle Arbeit mit Chet Snow erfolgte 1983.

Eine zweite Sache hat man festgestellt, die ich interessant fand im Hinblick auf das, was heute im »Spiegel« berichtet wurde. Da hat sich etwas Ähnliches herausgeschält auch für Chet Snow, nämlich dass es in der Zukunft, etwa nach der Jahrtausendwende, einen Trend geben wird, der sich unterschiedlich entwickelnde Lebensformen zeigen wird. Er teilt das in etwa vier Gruppen ein. Er sagt, es wird einmal riesige Stadtkulturen geben, wo die Menschen mit höchster Technik versuchen, ihr Leben zu gestalten, aber es wird auch unendlich viel Kriminalität geben, die Menschen werden einsam sein in diesen Städten, bei höchstem Komfort. Das ist die eine Lebensform, die sich auf der ganzen Erde ausbreiten wird. – Dann wird es eine zweite Gruppe von Menschen geben, die in ganz primitive ländliche Verhältnisse gehen werden und lieber dort leben, in Verhältnissen, die er »einfache Lebenszusammenhänge« nennt. – Eine dritte Gruppierung wird sich bilden von Menschen, die sich auf eine gewaltige Änderung in unserem Jahrhundert- bzw. Jahrtausendende vorbereiten werden, sich spirituelle Fähigkeiten aneignen und dadurch eine ganz andere Lebensform wählen werden. Diese Menschen werden sich darauf vorbereiten, indem sie meditieren, hellsichtige Fähigkeiten entwickeln, Telepathie entwickeln, also auch ganz anders miteinander kommunizieren können, auch über größere Entfernungen. Nicht, dass sie das heute schon können. Aber sie bereiten sich vor. Und daher entwickeln sie auch andere Bedürfnisse. Sie wollen diese spirituellen Fähigkeiten erüben und sich das hauptsächlich zum Lebensanliegen machen, statt den alljährlichen Kauf eines neuen Autos und anderer Dinge, wie das in den Stadtgesellschaften eben heute noch zum

Lebensstandard gehört. Ihnen geht es vor allem um die Entwicklung spiritueller Fähigkeiten. Das wird ihr eigentlicher Lebensinhalt sein. Und dadurch werden sie auch in äußerlich bescheidenen, natürlichen, ländlichen Zusammenhängen leben können, aber nicht auf einem niedrigen, sondern auf einem geistig relativ hochstehenden Standard. Das ist eine dritte Gruppe von Menschen. – Nun schildert Snow noch eine vierte, die ich persönlich sehr skeptisch betrachte, von der er sagt: Diese Gruppierung wird beides haben. Diese Menschen werden mit spirituellen Kräften ausgestattet sein, aber sie werden mit um die Erde herumkreisenden Raumschiffen korrespondieren.

Diese hier prognostizierten Entwicklungen halte ich für möglich. Das erste ist die Prognose, die wir auch aus jenen Hochrechnungen kennen, eine Stadtentwicklung mit hoher Kriminalität und vereinsamten, in seelischen Nöten sich befindenden Menschen. Auch die zweite ist verständlich, dass Menschen das nicht mehr aushalten, aussteigen und zurück in einfache Lebensformen ausweichen. Die dritte auch. Die vierte erkläre ich mir zumindest insofern, als ja Menschen heute durchaus solche Erlebnisse haben, dass sie von außerirdischen Raumschiffen besucht werden. Sie erleben es zumindest so. Ob das tatsächlich innerhalb der materiellen Erscheinungswelt stattfindet, will ich offen lassen, aber es wird häufig so erlebt.

Es gibt ein Problem bei dieser Art der Zukunftsforschung, die Helen Wambach und Snow gemacht haben. Man kann, wenn man einzelne Erlebnisse von Menschen geschildert bekommt, insofern man geschult ist, unterscheiden, ob es sich um eine »wahre Vision«, um eine Imagination handelt, ein echtes geistiges Erlebnis, oder ob es aus dem Unterbewusstsein aufsteigende Träume sind. Aber die auf Fragebögen erfassten und niedergelegten Erlebnisse und die darauf fußenden Statistiken geben kaum eine Möglichkeit, zu unterscheiden zwischen wirklichen, bei einzelnen Menschen überprüften Visionen einerseits und Träumen andererseits. Es haben sich möglicherweise auch Traumbilder hineingemischt in die statistische Untersuchung. Und genau das ist das Problem: Man kann geistige Dinge nach der statistischen Methode schwer auf ihren Wahrheitsgehalt überprüfen, lediglich auf ihre Wahrscheinlichkeit hin. Das geht eigentlich nur in einer unmittelbaren persönlichen Weise, von Mensch zu Mensch, wo dann der Untersucher, der Forscher wirklich den Menschen vor sich haben muss und dann wahrnehmen kann: Das ist zuverlässig durch die Art, wie er es schildert, wie er das erlebt hat. Ich weiß: Was er in seiner Zukunftsvision vor sich sieht, das stimmt. Denn ich kann unmittelbar in sein Erleben mit eintauchen. Dieses unmittelbare Miterleben war z. B. bei den Sitzungen zwischen Wambach und Snow gegeben.

Der eigenständige Weg

Eben diesen Eindruck konnte ich auch bei Tom Sawyer gewinnen. Er ist ein Mensch, der ganz genau den Weg kennt, den er in diese geistige Welt, in diese geistige Sphäre jeweils hinaufsteigen muss; er hat ein so hohes Bewusstsein davon, dass er genau weiß, was mit ihm passiert und deutlich unterscheiden kann, was Träume sind und was wirkliche Visionen. Und er kann sie auch genau beschreiben. Jetzt kommt aber das Neue dazu: Er kann sie auch, weil er sich bewusst in diese Sphäre hinaufbegeben kann, beeinflussen. Und das ist eine Fähigkeit, die nur wenige Menschen mit Zukunftsvisionen haben, dass sie diese zukünftigen Ereignisse, die zunächst als Bilder auftauchen, auch beeinflussen können.

Also einerseits gibt es diese Methode, die dann zu einer statistisch-wissenschaftlichen Auswertung geführt hat, aber doch viele Probleme nicht berücksichtigt, die dann auftreten können. Ich meine, man muss aber ihre Resultate trotzdem so zur Kenntnis nehmen, dass man sich sagt: Gut, ich halte es für möglich, dass solche Vorausschauungen tatsächlich eintreten können, aber ich muss sie prüfen. Es sind Bilder aus der imaginativen Welt, nur so können sie überhaupt zunächst ins Bewusstsein des Sehers treten. Es sind *Möglichkeiten* zukünftiger Ereignisse! Sie sind *potentiell* geistig vorhanden. Aber *ob* sie sich in der Form und zu dem Zeitpunkt so realisieren, hängt *auch* von dem auf der Erde vorhandenen Entwicklungs- und Freiheitswillen der Menschen ab! Das gilt eben auch insbesondere für solche von Wambach und Snow durchgeführten Untersuchungen, wo Menschen durch einen anderen durch Tiefenentspannung aus ihrem Körper herausgeführt wurden und bestimmte Visionen hatten.

Die andere Form finden wir bei Tom Sawyer. Er ist ein Mensch, der sich selbst willentlich in die geistige Sphäre heraufversetzen kann mit Hilfe der Erinnerung an den Prozess, wie er ursprünglich das erste Mal mit ihm passiert ist, wo er aus seinem physischen Körper durch diesen Unfall wie herausgepresst worden ist. Das ist – zumindest in der Folge – ein anderer bewusster Weg gewesen, den er da gegangen ist und geübt hat. Weil es bei ihm mit einem hohen Bewusstsein, verbunden mit einem starken, in seiner Persönlichkeit begründeten Selbstständigkeitsstreben stattgefunden hat, ist er in der Lage, jedes Mal, wenn man z. B. jetzt an ihn eine Frage stellt, diesen Weg – der geistig gesehen ein sehr langer war – wieder zu machen. Auf diese Weise gelingt es ihm, Situationen zu sehen, die irgendwo auf der Erde stattfinden werden. Also er schaut dann nicht bereits stattgehabte Ereignisse, sondern etwas, was in der Zukunft sich erst vorbereitet. Das heißt, er ist ein Mensch, der als Einzelner auch zu solchen Visionen gelangen kann und sie anderen Menschen mitteilt, die sich dann miteinander auf einen solchen Ort und Zeitpunkt konzentrieren können, um möglicherweise das Schlimmste zu verhindern.

Das Weltgedächtnis

Was ist das nun für eine Sphäre, in die sich Menschen hineinbegeben müssen, um zu einer wahren Imagination zu gelangen? Ich habe bereits geschildert, dass es im Prinzip drei Sphären sind, die man auch noch unterteilen kann. Wir sagten ja bereits: An einer bestimmten Stelle befindet sich das sogenannte »Weltgedächtnis«. Das ist so etwas Ähnliches – natürlich nur im Vergleich gesprochen – wenn auch viel Größeres, Gewaltigeres , wie eine Speicherplatte – eine Sache, die man als Erfindung nur bewundern kann. Wenn Sie auf einer Speicherplatte etwas speichern, dann verändert sich ja in dem Eisenkern, der ja im Prinzip ein bestimmes Eisenoxyd enthält, chemisch gar nichts. Aber das magnetische Feld wird verändert, d.h. das, was als Energiefeld in und um diesen Magnetkern herum ist, wird verändert. Dasselbe geschieht bei einer Diskette. Da vollzieht sich überhaupt keine materielle sondern nur eine energetische Veränderung. Sie sehen natürlich auf der Festplatte oder Diskette nichts, keine Musik, keine Sprache, keine Bilder, nichts. Aber es sind Spuren. Daher brauchen Sie eben ein entsprechendes Lesegerät, was dann diese energetischen Informationen wieder umwandelt in Sprache, Musik oder Bild. Das ist etwas, was Menschen in gemeinsamer vielfältiger Bewusstseinsarbeit in jeden modernen Rechner hineingeheimnist haben: dass er unendliche Mengen von Daten speichern kann – aber eben starr. Diese Daten verändern sich nicht. Sie dürfen sich auch nicht verändern. Wenn sich da irgendetwas verändern würde, dann würde das ganze Ding nicht mehr funktionieren. Das darf sich nicht verändern. Es ist starr und doch speichert es eine unwahrscheinliche Menge von Daten. Ganze Bibliotheken, das gesamte Wissen der Welt wird da gespeichert.

Wenn ich hier eine der grandiosesten Erfindungen unserer Zeit als Beispiel genommen habe, soll dies jedoch nur eine Hilfe sein, das Folgende nicht als ganz absurd zu betrachten. Versuchen wir uns einmal vorzustellen, dass es auch so etwas geben könnte wie eine Art energetische Speicher-Sphäre, die die ganze Erde umgibt und die alles das speichert, was an Gedanken, an Bewusstseinsinhalten, an Bildern, an Erlebnissen auf der Erde jemals während der gesamten Evolution passiert ist. Es scheint zunächst unvorstellbar zu sein! So wie vor hundert Jahren auch niemand die elektronische Speicherkapazität eines modernen Großrechners für möglich gehalten hätte, und doch ist er eine Realität. So prägt sich auch das, was Menschen auf der Erde jetzt tun, was sie jetzt fühlen, was sie jetzt denken, ebenfalls dieser Sphäre, diesem Weltgedächtnis ein.

Dies ist auch eine Entdeckung von Rupert Sheldrake[21], die er zunächst in Form einer Hypothese dargestellt und dann durch viele Experimente geprüft hat. Er sagt: Es gibt so ein Weltgedächtnis, welches aus so etwas wie Feldern besteht, die gestaltbildend sind. »Morphogenetische Felder« nennt er das. Anders kann man die Tatsache nicht erklären, dass das, was z.B. Menschen an einer Stelle der Erde denken, an einem andern Punkt der Erde offensichtlich gleichzeitig auftritt bzw. plötzlich besser, schneller, leichter gedacht werden kann als vorher, wo es noch nicht als Erfindung auf der Erde dagewesen ist. – Es gibt also heute Menschen, die kommen durch eigene Forschungen auf die Tatsache, dass es so etwas wie ein Weltgedächtnis im Zusammenhang mit der ganzen Natur geben muss, welches aber im Unterschied zu einem elektronischen Speicher einer ständigen Wechselwirkung unterliegt.

Die geisteswissenschaftliche Erkenntnis sagt uns, in sehr vereinfachter Form ausgedrückt: Diese Sphäre der sogenannten Akashachronik ist eine bestimmte Form von Äther – damit ist nicht der chemische Stoff gemeint –, sondern es ist eine ganz feine geistige Substantialität, die zwar plastisch, aber auch unendlich prägbar ist, die aber auch lebendig ist und mit dem *Weltgewissen* zu tun hat und mit all den geistig-schöpferischen Kräften, die seit der Evolution der Erde die Menschen und die Erde gestaltet haben. Das heißt, diese Sphäre ist hochsensibel; und alles, was hier eingeprägt wird, bleibt lebendig, nicht starr wie auf der Festplatte eines Computers. Es steht miteinander in Korrespondenz, und hinter dieser Sphäre, die ich als die Intuitionssphäre bezeichnet habe, ist nicht nur eine allgemeine Kräftesubstanz, sondern wir müssen uns vorstellen, dass es da nicht nur Kräfte, Fakten, gespeicherte Dinge, Bilder, schöpferische Kräfte, sondern geistige Wesen gibt, von denen diese Kräfte so ausgehen!

Alles, was wir auf der Erde als Menschen tun und was wir als Veränderung der Erde eingeprägt haben, sind ja auch nicht nur irgendwelche frei in der Luft wirkende Arbeitskräfte oder allgemeine Impulse und Willenskräfte, die da irgendwo diese Erde verändert haben. Alle Willenskräfte, alle Taten, alle Handgriffe gehen von *Menschen* aus oder von den von Menschen geschaffenen Maschinen, aber letztendlich von Menschen. So kann man sich vielleicht auch vorstellen, dass es, für uns unsichtbar, in einer geistigen Sphäre etwas gibt wie geistige Wesen, die nicht nur im Besitze der schöpferischen Kraft, sondern auch im Besitze des universellen Wissens all der Gesetze sind, die überhaupt notwendig sind und waren, um dieses hochkomplizierte Gebilde Erde mit ihren Naturreichen und das noch kompliziertere Gebilde des Menschen zu schaffen. Denn das Rätsel der Menschen ist nicht damit erklärt, dass wir ihn physiologisch so schön auseinandernehmen können und jetzt auch die Doppelhelix als Träger der genetischen Informationen Abschnitt für Abschnitt erkunden. Das sind nur die Spuren, die niedersten, untersten, materiellen Spuren, in die all das eingeschrieben ist, was sich in der Evolution durch Jahrmillionen oder Milliarden entwickelt hat. Seinen Ursprung hat das in dem Zusammenwirken einer Summe gewaltiger intelligenter schöpferischer Kräftewesen.

Man kann einwenden, dass wir sie ja gar nicht oder noch nicht sehen, oder dass es nur wenige sind, die sie sehen können. Und so komme ich jetzt zunächst auf einen Bewusstseinszustand, den wir aus alten Religionen kennen, wo Menschen durchaus diese Wesen noch in Bildern schauen konnten. Die Erscheinungsform dieser geistigen Kräftewesen findet u.a. in einer imaginativen Form, in Bildern statt.

Zukunftswissen durch Geistwesen

Es gibt geistige Wesen, die die Änderung des menschlichen Bewusstseins nicht nur kennen, sondern das wie vorausplanen. Und wenn jemand diesen geistigen Wesen in der entsprechenden Sphäre begegnet und sie nur imaginativ schaut, so ist das noch nicht viel. Er muss durch die inspirative Fähigkeit verstehen, was sie wollen, was sie als Zukunftsabsichten haben. Aufgrund dessen kann er dann ziemlich weitgehende Voraussagen machen, was in den nächsten Jahren, Jahrzehnten passieren wird. Wenn nun ein Mensch in dieser geistigen Welt bis zu solch einer Höhe heraufsteigt oder heraufgehoben wird, dass er mit diesen geistigen Wesen ganz eins werden kann, so dass er wie aus ihrem Inneren heraus die ganze Entwicklung anschauen kann, dann ist er in der Lage, auch Jahrhunderte und Jahrtausende zu überschauen und zu sagen, was mit der ganzen Erde, mit der Menschheit geschehen wird.

Solche Menschen sind die großen Propheten gewesen, zu denen auch Johannes, der Evangelist und Apokalyptiker gehörte. Johannes war in der Lage – ob wir das heute ernst nehmen oder nicht –, zu schauen, dass sich die Entwicklung der Menschheit in jahrtausendelangen Epochen vollziehen wird, die er aber in einzelne Etappen unterteilen konnte, die ihm jeweils von bestimmten Engeln mitgeteilt wurden.

Sie sehen also, wir hatten Zeiten, wo Menschen geistige Wesen geschaut haben, in deren Besitz, so kann man sagen, nicht nur das Wissen um die Vergangenheit, sondern auch das Wissen um die zukünftige Weltentwicklung gewesen ist. Sonst hätte Johannes, der Evangelist, seine Apokalypse nicht schreiben können. Sie bezieht sich ja auf kleine und große Zeitspannen, in denen sich ganz gravierende Vorgänge mit der Menschheit und der Erde abspielen werden. Johannes schildert ja, dass eine neue Erde entstehen wird durch alle Menschen, die an der Zukunft bewusst mitarbeiten und die sich mit dieser Lichtwelt und diesen Lichtwesen bewusst verbinden. Und eine andere Gruppe von Menschen wird es geben, die verbindet sich nicht mit dieser Lichtwelt und diesen Lichtwesen, sondern sie will die Erde nur genießen und sich mit den finsteren, mit den dunklen Kräften aus egoistischen Gründen verbinden. Diese werden eine andere Menschengruppe bilden und dann in eine Art

Abgrund hineingehen. Das ist etwas, was vielen Menschen mit Recht immer wieder schwerfällt anzunehmen, ja auch nur anzuschauen: dass es zwei Menschengruppen geben soll, die einen, die aufsteigen und die anderen, die absteigen. Ist damit nicht etwas festgelegt und vorbestimmt?

Die Selbstbeobachtung kann uns zeigen: In jedem einzelnen Menschen ist ein Gemisch von lichten und guten Kräften, verbunden mit dunklen, verderblichen zu finden. Der ganze Erdenplanet mit der Menschheit wird sich in Zukunft aber dahin entwickeln, dass sich die lichten und die dunklen Kräfte »auseinanderdividieren«. Das ist der geistige Aspekt. – Es sind zwei Entwicklungslinien, die in jedem Menschen angelegt sind. Und im Laufe seiner Inkarnationen wird jeder Entscheidungen treffen müssen, welcher Linie er folgt, der aufsteigenden oder der absteigenden … So wie es Naturnotwendigkeiten gibt, ist dies eine geistige Notwendigkeit. Wir stehen heute in einer besonderen Entscheidungszeit.

Diese Tatsache als solche ist unabwendbar. Aber es liegt in der Freiheit der Menschen, sich zu entscheiden: den Weg des Bemühens zu gehen und sich mit den vorwärtsstrebenden geistigen Wesen zu verbinden und damit die aufsteigende Linie mitzumachen; oder zu verharren, weil das bequemer erscheint, und sich von den Schwerekräften der Materie, den Mächten der Dunkelheit mitherunterziehen zu lassen. Jeder Mensch hat in einem seiner Leben immer wieder einen Punkt oder Punkte, wo er vor diese Entscheidung gestellt ist. Und darin liegt die Freiheit der Menschen. Wir sind nicht darin frei, dass wir diese Spaltung abwenden können. Aber wir sind frei, uns zu entscheiden, *welchen* Weg *wir* gehen. Und das ist eigentlich das Neue!

Rudolf Steiner konnte in diese Welt des Weltgedächtnisses und des Weltenwissens so eintauchen, dass er immer *beide* Möglichkeiten geschildert hat. Für dieses Jahrtausendende sagte er am Anfang des Jahrhunderts bereits Folgendes: Wenn die Menschen sich anstrengen und die Kultur in eine spirituelle Entwicklung hineinbringen – es müssen nicht alle Menschen sein, aber eine genügende Anzahl –, wenn sie eine spirituelle Entwicklung so durchmachen, dass das in der Kultur sich geltend machen kann, dann werden wir am Ende des Jahrhunderts am Anfang einer spirituellen Kultur stehen. Wenn die Menschen das aber nicht tun, sondern den rein materialistischen Weg weitergehen, dann werden wir am Ende des Jahrhunderts am Grabe aller Zivilisation stehen. Darum hatte er so stark gehofft, dass genügend Menschen den Weg der spirituellen Entwicklung einschlagen. Es müssen nicht alle sein, so wie wir in einem Leben auch nicht gleich vollkommen werden können. Es genügt die Anstrengung. Die Richtung ist entscheidend. Wir können, so wie wir alle konstituiert sind, noch nicht zu einem vollkommenen Menschen werden in diesem einen Leben. Das wird noch viele, viele Inkarnationen brauchen. Aber die Richtung, die können wir einschlagen. Und das ist die Entscheidung, in der wir in diesem Jahrhundert, besonders an dieser Jahrhundertwende stehen.

Auch Tom Sawyer bemerkte, dass all das, was bis zum Jahre 1992 an Spiritualität auf der Erde veranlagt worden ist, im Jahre 1999 zur Verfügung stehen wird. Man kann fragen, wieso er gerade auf diese Jahre hingewiesen hat. Von 1992 bis 1999 sind es sieben Jahre. Wenn Sie etwas anfangen, irgendeine Übung, einen Meditationsweg, dann werden Sie sehen: Sie brauchen etwa sieben Jahre, damit das bei Ihnen sitzt, damit es verleiblicht und damit Gewohnheit wird. Wenn jedoch irgendeine schwierige Lebenssituation auftritt, sozial, persönlich, und Sie sagen dann: Jetzt muss ich aber üben und ein bisschen anfangen zu meditieren, so werden Sie zunächst nicht weit damit kommen. Sicher, Sie können jetzt beginnen. Aber das, was sie vor sieben Jahren angefangen haben, das wird Ihnen jetzt zur Verfügung stehen, weil es eine Schicht tiefer gerutscht ist. Wenn sie vor sieben Jahren angefangen haben, bestimmte Dinge zu denken, dann werden Sie sehen, dass nach sieben Jahren es schon ihr Gefühlsleben verändert hat. Wenn Sie weiter daran arbeiten, wird das nach weiteren sieben Jahren, also nach insgesamt vierzehn Jahren, bis in Ihren Willen hineinwirken. Nach diesen vierzehn Jahren des Übens, wird sich Ihr Gefühlsleben und damit auch Ihr ganzes Wunschleben, ihr Begierdeleben verändert haben. Da müssen Sie sich jetzt nicht mehr dauernd im Kopf anstrengen und sagen: Was wollte ich eigentlich? Sie werden merken, wie Ihre Persönlichkeit verändert ist. So dass Sie dann im dritten Jahrsiebt, wenn Sie dranbleiben, feststellen: Sie bekommen Willenskräfte, die Sie vor diesen drei Jahrsiebten nicht gehabt haben.

Wir sind also angewiesen auf solche Rhythmen. Das ist eine Bindung, das ist eine Vorbestimmung, die können wir nicht ändern. Wir können das verlangsamen oder beschleunigen, das ist unsere Freiheit. Aber wir sind eingebunden in solche persönlichen Rhythmen, wir sind eingebunden in Erdenrhythmen und in kulturgeschichtliche Rhythmen. Da kommen wir nicht darüber hinweg. Aber wir sind frei darin, was wir in diesem Rahmen tun – und das ist das Entscheidende! So leben wir auch im Hinblick auf die Gestaltung unserer Zukunft als Einzelne sowie als Menschheit zwischen Freiheit und Notwendigkeit.

Bilder und Verwandlungskräfte

Schauen wir noch einmal auf die beiden großen Entwicklungslinien hin, welche in die Zukunft führen und die – insofern wir sie denkend vorausschauen – in der schauenden Vorwegnahme der Zukunft auch bereits unser gegenwärtiges Leben mitprägen. Es beginnt mit dem Bild, welches Sie sich von den Wegen der Menschen machen. – Das eine ist, dass Sie sich sagen: Sie sind nur ein physischer Mensch, Sie sind geboren aus Ihren Eltern und Sie sterben und sinken dann wieder als Mensch in die Erde hinein. Dann wird dieses Bild Ihr Leben, Ihr Denken, Fühlen und Wollen prägen. Sie werden dementsprechend auch fühlen und leiden. – Wenn Sie sich ein anderes Bild machen und sagen: Ich bin ein physischer Mensch, aber ich bin auch ein übersinnliches Wesen, ich habe diese Lebenskräfte in mir, ich habe Seelenkräfte, Gefühlskräfte, Gedankenkräfte in mir und diese sind unsterblich – dann wird vielleicht in Ihnen die Frage auftreten: Was habe ich denn von all dem in dieses Leben mitgebracht? Denn jeder Mensch hat in dieses Leben ganz *bestimmte* Impulse und Ideen mitgebracht. Aber jetzt kommt das für uns alle evidente Problem: Sie haben es beim Geborenwerden vergessen! Sie haben also bei der Geburt etwas ähnliches erlebt, wie jemand, der ein entsprechendes Grenzerlebnis gehabt hat, der durch Schock, Todesgefahr und Ähnliches schon einmal bewusst außerhalb seines Leibes war: Da oben in der geistigen Welt, da konnte er alles überschauen und wissen, wer er ist. Dann kommt er wieder in den physischen Leib herunter und hat das meiste vergessen. Dennoch erlebt er ganz stark: Ich habe es doch gewusst! Wie kommt das, dass ich das alles vergessen habe und mich jetzt nicht mehr an die Einzelheiten erinnern kann?

Das geht jedem Menschen bei der Geburt so, auch wenn das kindliche Wesen diese Frage nicht so stellen kann! Trotzdem ist es nicht völlig ausgelöscht. Sondern was Sie hier oben als Seele geschaut, gedacht und gewusst haben, was Sie in diesem Leben verwirklichen wollen, was Ihnen in diesem Leben auch als Aufgabe gestellt ist, Schicksalsdinge, denen Sie begegnen werden, das haben Sie alles gewusst, aber es wird verwandelt! Es sinkt herunter und bleibt im Leben nicht als Vorstellung erhalten, sondern es wird Gefühl, wird möglicherweise Willensimpuls. Das heißt, alles was wir einmal vor der Geburt geschaut haben, verwandelt sich zunächst in eine Art dumpfes *Gefühl,* und dieses Gefühl wird immer wieder einmal in bestimmten Lebensaugenblicken in Ihnen auftauchen. Sie sagen dann, ich wollte doch irgendwas in meinem Leben, aber ich weiß es nicht mehr. Es kann sogar so sein, dass Sie es als Kind oder als Jugendlicher noch wussten oder ein sehr helles Gefühl dafür hatten, dass es aber dann in der Mitte des Lebens wie weg ist. Trotzdem ist es noch da! Es ist nur ganz tief unten, und da muss man manchmal einen tiefen Einschnitt im Leben machen, um überhaupt wieder an diese Kräfte und an dieses Wissen heranzukommen, das vor der Geburt da war. Das kann auch durch Lebenskrisen oder durch eine abrupte Lebensänderung wieder geweckt werden. Die Zukunft wird dadurch eine andere werden. Das ist die eine Möglichkeit.

Die zweite Möglichkeit, bewusst Zukunft zu gestalten, gilt nicht nur für die Erde oder für die Menschheit, sondern natürlich auch für Sie selbst. Wir brauchen große Lebensziele, und die müssen wir aus der Zukunft nehmen. Darauf habe ich ja eingangs bereits hingewiesen. Wir müssen Zukunftsbilder schaffen, sie prüfend an unsere Seelentiefen halten und je nach dem Echo ihnen nacharbeiten. Selbst wenn Sie vielleicht nach jeweils sieben Jahren feststellen, dass sich das Zukunftsbild nicht oder nicht völlig realisieren ließ, gilt es, wieder ein neues Bild zu machen und auf dieses Bild zuzustreben. Das heißt aus der Zukunftsvision, die Sie sich selber machen, Ihre Gegenwart bestimmen.

In gewisser Weise tun wir das ja immer. Wenn ich z.B. Arzt werden will, habe ich ein Bild von dem, was ich eines Tages tun möchte in diesem Beruf und fange an zu studieren. Ich habe immer das Bild dessen, was ich eines Tages werden möchte. So ist ein bewusster Mensch in der Gegenwart heute schon einer, der aus der Zukunft arbeitet. Aber das reicht oft nicht. Man muss tiefer schürfen und sagen: Was will ich denn als Arzt? Was will ich denn eigentlich für die Menschen tun und warum? Da ist oft ein viel, viel tiefer liegender Impuls! Um das jedoch zu erkennen, muss man wirklich bis in diese tiefen, vorgeburtlichen Schichten heruntergraben bei sich selbst, die man dann möglicherweise erst am Lebensende sieht. Ja, im Rückblick sehe ich jetzt: Ich habe mich immer bemüht, bin von Schritt zu Schritt immer ein Stückchen weitergekommen, dem Ziel immer näher und nun weiß ich, das war ja mein Ziel. Aber ich habe es am Anfang, in meiner Kindheit und Jugend nur als Gefühl gehabt, und ich konnte es nicht richtig greifen. Erst jetzt stellt es sich mir klar vor Augen!

Insofern meine ich, dass wir Zukunftsbilder brauchen, auch wenn sie zunächst sehr unvollkommen sind. Und so gibt es Menschen, die sich darum bemühen und die mehr oder weniger bewusst daran arbeiten, damit sich in Zukunft etwas Neues mit der ganzen Erde ereignet.

Ich sagte bereits, dass alles, was Menschen denken, was sie fühlen, worum sie sich bemühen, was sie auf der Erde tun, dem Weltengedächtnis eingeprägt wird. Das gilt insbesondere für alles, was einen gewissen Ewigkeitswert hat. Von solchen Menschen jedoch, die sich nicht in diesem Sinne bemüht haben, heißt es in der Apokalypse, dass sie nicht in das »Buch des Lebens« eingeschrieben sind – das ist jenes gewaltige Weltgedächtnis, das auch mit dem Weltengewissen zusammenhängt. Sie haben sich in ihrem Leben nicht angestrengt, haben sich nicht bemüht. Sie fallen am

Schluß heraus aus der Entwicklung, weil sie nicht den möglichen Aufstieg mitmachen können, und das ist eine tiefe Tragik! Aber jene Menschen, die sich bemüht haben, und sich auch, wie ich es schilderte, mit den geistigen Wesen verbinden, die sie dort kennenlernen können, denen wird Hilfe zuteil.

Damit denke ich nicht nur an die persönlichen Engel. Es sind auch noch höhere geistige Wesen, die das entgegennehmen, was der Mensch auf der Erde als Bemühen zu diesem Weiterentwickeln der Erde aufbringt. Sie prägen es dann diesem Weltgedächtnis ein. Das lässt eine Sphäre entstehen zwischen den moralischen und spirituellen Anstrengungen der Menschen und den Kräften dieser geistigen Wesen aus dem, was sie von den Menschen auf der Erde als Bemühung nach oben bringen. Das war am Beginn der Entstehung von Menschheit und Erde noch nicht da. Die Tatsache, dass wir mitwirken an der Gestaltung der Erde ist etwas absolut Neues! »Wir schaffen mit«, sagt Tom Sawyer, sagt auch Brinkley und viele andere, die in diese hohen geistigen Sphären hineinschauen konnten. Diese geistigen Engelwesen haben zu solchen Menschen immer wieder gesagt: »Ihr seid mächtige geistige Wesen, ihr könnt auf der Erde schaffen, weil ihr in einen pysischen Leib heruntersteigt und das ist schwer, das schaffen wir als Engel nicht. Ihr seid mächtige geistige Wesen, ihr habt unendliche Möglichkeiten, auf der Erde etwas zu bewegen, zu bewirken und etwas zu verändern.« – Was aus diesem Bemühen dann in der Verbindung mit diesen Lichtwesen hervorgeht, schafft also eine neue geistige Sphäre um die Erde herum, die bei der Weiterentwicklung der Erde eine große Rolle spielen wird.

Die neue Sphäre der zukünftigen Erde

Der amerikanische Forscher Dr. Kenneth Ring, der vor 20 Jahren seine Arbeit begonnen hat, ist nach Auswertung von 1500 Gesprächen mit Menschen, die solche »Grenzerfahrungen« hatten, auf seine Weise zu der Anschauung einer geistigen Sphäre, die sich um die Erde bildet, gelangt. Er sagt: »Aufgrund dieser Ergebnisse halte ich es für möglich, dass es eine Art planetarischer Intelligenz gibt. Es scheint so etwas wie ein übergreifendes planetarisches Bewusstsein, einen planetarischen Geist, zu geben ... Und diese planetarische Intelligenz, dieser planetarische Geist, der eigentlich nicht eingreift, versucht aber, die Menschen auf diesem Planeten anzusprechen. Er will sie dazu bringen, in größerer Harmonie mit der Erde zu leben, er versucht durch diese transzendentalen Erfahrungen Nachrichten und Hinweise zu geben.« Sie wissen sicher, dass diese Menschen alle wie mit einer Mission wieder auf die Erde zurückkommen, die je in diese geistige Welt hineingeschaut haben. Sie wollen etwas bewirken, sie wollen nicht einfach nur so weiterleben. Und weiter sagt Ring: »Ich bin mir ziemlich sicher, dass es eine ganze Hierarchie von unsichtbaren Geistwesen gibt, die mit uns zusammenarbeiten oder es zumindest versuchen, und dass sie alle in einem gewissen Sinne unter der Leitung dieses übergreifenden oder planetarischen Bewusstseins stehen ... Der planetarische Geist ist nach meiner Ansicht eine Art von vermittelnder Intelligenz ... Es ist wie eine mittlere Ebene« – und die entsteht durch die Zusammenarbeit zwischen diesen geistigen Wesen und den Menschen. »Wenn man sich das räumlich vorstellen will, wäre der planetarische Geist eine Art Hülle, die die Erde umgibt. Diese Hülle wird von dem berührt, was unter ihr auf der Erde ist. Sie wird aber auch von dem berührt, was über ihr ist, was höher ist als sie. Die Lichtwesen sind ein Teil dieser höheren geistigen Dimensionen. So wird diese Schicht gleichzeitig von den Menschen auf der Erde und von den geistigen Wesen, die in einem gewissen Sinne höher sind, beeinflusst.« Das heißt, diese Lichtwesen begegnen dem, was von den Menschen aufströmt, und durchdringen es mit kosmischem Wissen. Ring hat immer wieder betont, er sei ein Forscher und habe nur zusammengeschaut, was diese Menschen, die in irgendeiner Art über die Todesgrenze gegangen sind, ihm erzählt haben.[22]

Nun ist es außerordentlich spannend, wenn man die am Ende unseres Jahrhunderts auf empirischen Weg durch Kennth Ring gewonnene Anschauung in Verbindung bringt mit der am Anfang des Jahrhunderts von Rudolf Steiner vermittelten Erkenntnis. In den Vorträgen über »Das Johannes-Evangelium im Verhältnis zu den anderen Evangelien« sagt er Folgendes:[23] »Dieses Etwas, das den Tod nicht mitmacht« – was also nicht mit dem physischen Leib vergeht, was nicht verfällt den Sterbekräften der Erde, »das strömt nun zurück, das strömt hinaus in den Weltenraum, das bildet, je nachdem es stärker oder schwächer ist im Menschen, eine Kraft, die da hinausfließt in den Weltenraum. Und es wird diese Kraft eine Sphäre um die Erde herum bilden, die im Sonnewerden ist.« Also eine Sphäre, die so etwas ist wie eine geistige Sonnensphäre. Eine Art von Geistessphäre bildet sich um die Erde herum aus den lebendig gewordenen Ätherleibern. Es ist also insbesondere der Ätherleib als Lebensorganismus des Menschen, der auch die Gedächtniskräfte des Menschen enthält. Mit dem ziehen wir uns ja, wenn wir den physischen Leib verlassen, aus dem physischen Leib heraus, nehmen unsere ganzen Erinnerungen und Erlebnisse mit und prägen sie in verwandelter Form dann dieser Weltensphäre, man könnte auch sagen, diesem Weltenätherleib ein.

Und weiter heißt es da, dass auch das Christuslicht von der Erde ausstrahlt, was sich seit dem Mysterium von Golgatha mit der Erde und der Menschheit verbunden hat. So haben wir zugleich eine Art von Widerspiegelung des Christuslichtes im Umkreis der Erde: Was hier widergespiegelt wird als Christus-Licht, insofern sich Menschen damit verbunden haben in der Folge der Wirksamkeit des Christus auf der Erde, ist das, was Christus den »Heiligen Geist« nennt. »Ebenso wahr, wie die Erde ihr Sonnenwerden beginnt«, also dass diese geistige Sonnensphäre um die Erde sich bildet durch die Arbeit der Menschen in Wechselwirkung mit den geistigen Wesen, das heißt, insofern die Erde ihr Sonnewerden beginnt durch das Ereignis von Golgatha, »ebenso wahr ist es, dass von diesem Ereignis an die Erde auch beginnt, schöpferisch zu werden und um sich herum einen geistigen Ring zu bilden, der später wiederum zu einer Art von Planet um die Erde wird.«[23]

Erstaunlich Ähnliches finden wir hier in diesen beiden Aussagen. Wobei letztere sich auf rein geistige Forschung eines Menschen stützt, der in diese Sphären hinaufgeschaut hat und quasi von oben mitbeobachten konnte, was durch die Menschen von der Erde heraufgebracht wird – und zwar durch die Menschen, die sich mit den Kräften des Christus verbunden haben.

Es wird Ihnen sicher durch zahlreiche Berichte bekannt sein, dass viele Menschen, die die Todesschwelle überschritten haben und wieder zurückgekommen sind, deutlich schildern, wie sie sich durchdrungen erlebt haben mit den Kräften dieses Lichtwesens, und dadurch die Kraft haben, dann auf der Erde auch ihrerseits wiederum Liebe ausstrahlen zu können.

Als Engel kann man schauen, als Mensch muss man denken lernen

Blicken wir noch einmal zurück. Zukunftsschau ist möglich, indem man in diese Sphäre aufsteigt, wo nicht nur ein Vergangenheitswissen über das Werden der Erde da ist, sondern wo auch, als potentielle Kraft, eine Summe von Absichten für die zukünftige Entwicklung der Erde vorhanden ist. Es ist ein Wissen, welches sich – mit menschlichen Worten ausgedrückt – im Besitze höherer geistiger Wesen befindet und von ihnen ausstrahlt. Das gilt auch für die ganze Menschheit, wie auch für das, was wir als einzelne Menschen in zukünftigen Inkarnationen noch werden können und werden sollen. In dieser »Sphäre der Dauer« gibt es keine Zeit, gibt es keinen Raum in unserem Sinne. Es ist Vergangenheit und Zukunft gleichzeitig da. Wer in diese Sphäre aufsteigt, kann das erleben. Die Schwierigkeit ist nur, wenn man es außerhalb des Leibes erlebt hat und sich danach wieder in seinen Körper und sein physisches Gehirn zurückbegibt, dass man es dann wieder in die Zeit und in menschliche Gedankenformen herunterarbeiten muss. Tom Sawyer und alle andern, die diesen Vorgang erlebt haben, nachdem sie hier unten wieder angekommen waren in ihrem physischen Körper, mit ihrer Seele, haben zwar im physischen Bewusstsein durchaus die Erinnerung: Da war etwas Wunderbares, Großes, Gewaltiges. Doch sie stehen vor der Notwendigkeit, dass sie jetzt auf der Erde anfangen müssen, jeden einzelnen Gedanken mühsam neu zu denken. Das gilt auch für dasjenige, was ihnen als Zukunftsabsichten von den geistigen Wesen inspirativ mitgeteilt wurde. Durch diese Anstrengung der auf der Erde gedachten »himmlischen« Gedanken bereiten die Menschen sich vor, am Ende des Lebens, wenn sie den physischen Körper wieder verlassen – oder auch schon während des Lebens – , den Extrakt davon wieder in diese geistige Sphäre hinaufzubringen.

Das ist das Mitschaffen der Erdenzukunft. Aber um das zu können, brauchen wir spirituelle Zukunftsbilder. Dazu gehören auch im hohen Maße die apokalyptischen Zukunftsbilder. Ihre Bedeutung besteht aber nicht darin, dass wir uns auf irgendwelche Katastrophen vorbereiten, indem wir ein bisschen mehr Trinkwasser in den Keller stellen oder ein paar Lebensmittel für den Fall, dass Katastrophen eintreten, wie es in vielen amerikanischen Gruppen tatsächlich gemacht wird, die sich mit der Zukunft beschäftigen. Das ist nicht das Wesentliche. Entscheidend ist, dass ich meine Kräfte anspanne und weiß, wofür ich arbeite.

Und da dreht sich die ganze Sache um. Früher hat man gesagt: Was mir heute im Leben an Leid geschieht, ist

Strafe für das, was ich in der Vergangenheit an Sünden begangen habe, entsprechend der alten christlichen Morallehre. Das ist ein Rechtsdenken, von der Vergangenheit in die Gegenwart. Nichts von Zukunft.

Der neue Gedanke, den wir heute finden können bei Menschen mit den vorher geschilderten geistigen Erfahrungen, ist folgender: Es gibt diese Verwandlungskraft, es gibt dieses mich umschmelzende geistige Feuer, in das ich eintrete, das mich als ganzen Menschen umwandelt und das zwar brennen kann, aber es schmilzt mich um und wandelt mich, damit ich in meinem zukünftigen Leben ganz neue und andere Kräfte habe! Das ist ein völlig anderer Gedanke, der den gleichen Tatbestand vom Erlebnis her beschreibt. Denn ich selber suche dieses Feuer auf, um verwandelt zu werden, um dann im nächsten Leben – oder vielleicht auch schon in diesem – als ein neuer umgewandelter Mensch auf der Erde wirken zu können. – Sie sehen, die gleiche Tatsache, von der Zukunft her gedacht, hat eine ganz andere Wirkung auf meine Lebensauffassung. Nicht weil ich etwas Böses getan habe, werde ich bestraft – das ist römisch-katholisches Rechtsdenken. Ein spirituelles Denken sagt: Ich suche Aufgaben, ich suche die Konfrontation mit etwas, was mich verwandelt und ich brauche das, damit ich ein immer geistigerer Mensch werden kann. Das ist eine aus der persönlichen Entscheidung getroffene und damit selbstgestellte Aufgabe. Das heißt, man *lernt* von der Zukunft her zu denken. Und das ist im geistigen Sinne gewissermaßen eine Umkehrung der Zeit.

Dies alles sind Aspekte einer vom bewussten Menschen mitgestalteten Zukunft, die aber in gewisser Weise geistig schon da ist, besonders in jenen Sphären, in die wir mit unserem normalen Tagesbewusstsein nicht unmittelbar hineinschauen können. Es sind die gleichen Sphären, welche jede Menschenseele mit ihrem unsterblichen Teil von Leben zu Leben durchwandert, um die eigene neue Zukunft und damit auch die Zukunft der ganzen Menschheit mit neuen Kräften vorzubereiten. Und diese Zukunftsvorbereitung ist zugleich auch als Erinnerung in der Tiefe jedes Menschen-Ichs vorhanden, wenn auch verhüllt.

Im Zeitalter der Bewusstseins-Seele haben wir jedoch im Streben nach bewusstem Handeln und Mitgestalten der Zukunft auch hierbei den Anspruch nach einer »wissenschaftlichen« Grundlage. Doch alle Erkenntnis, die sich nur auf äußeres Vergangenheitswissen stützt, muss dabei versagen! Daher scheint mir eine neue Art von Zukunftswissenschaft – wie eingangs geschildert – nötig zu sein, welche sowohl die Phantasie und Intuitionsfähigkeit des Menschen als auch die Realität einer geistigen Welt mit einschließt. Das ist gewissermaßen auch der Schritt von einer Ist- zu einer »Soll-Wissenschaft«; wobei die Anthroposophie eine Hilfe ist, auch all jene Beschreibungen, von denen wir gesprochen haben, in ihrer geistigen Bedeutung zu verstehen. Gewiss, es ist ein tiefes menschliches Bedürfnis, die unendlich lange Entstehungsgeschichte des Menschen und der Erde in ihrer geistigen Dimension zu verstehen. Ein zweites ist, zu wissen wie die weitere Entwicklung aussehen wird. Doch das ist keine reine Anschauungssache, sondern zugleich auch eine Sache der Tat, die nicht ohne uns stattfindet.

Insofern können wir, kurz gefasst, sagen: So wie wir die Gegenwart nicht ohne die Vergangenheit *verstehen* können, können wir heute die Gegenwart nicht *gestalten*, ohne von der Zukunft zu wissen. Sonst könnte es eine Zukunft geben, in welcher der Mensch als geistiges Wesen keinen Platz mehr findet.

Anmerkungen

1 James Redfield, *Die Prophezeiungen von Celestine. Ein Abenteuer*, München 1994
2 James Redfield, *Die Zehnte Prophezeiung von Celestine*, München ⁴1996
3 Rudolf Steiner, *Die tieferen Geheimnisse des Menschheitswerdens im Lichte der Evangelien*, (GA 117), Vortrag vom 4.12.1909, Dornach ²1986, S. 153, sowie *Von Jesus zu Christus* (GA 131), Vortrag vom 14.10.1911, Dornach ⁵1974, S. 220
4 Jenny Cockell, *Unsterbliche Erinnerung*, Bergisch Gladbach ²1994
5 Petra A. Peick: *Wiedergeburt, eine Reise in frühere Erdenleben*, Freiburg ²1988 und Petra A. Peick/Siegfried Woitinas, *Reinkarnation. Erfahrungen, Wege, Erkenntnisse*, Stuttgart 1989, Verlag im Forum 3
6 Werner Meinhold, *Der Wiederverkörperungsweg eines Menschen durch die Jahrtausende*, Freiburg 1989
7 Rudolf Steiner, *Wiederverkörperung und Karma und ihre Bedeutung für die Kultur der Gegenwart*, Dornach ⁴1989 (GA 135)
8 Joan Klink, *Früher, als ich groß war. Reinkarnationserinnerungen von Kindern*, Grafing 1992
9 Wir beziehen uns auf seine Veröffentlichungen in verschiedenen medizinischen Fachzeitschriften. Schröter-Kunhardt ist Leiter der deutschen Sektion der IANDS (International Association for Near-Death Studies). Ein Interview über seine Forschungen ist enthalten in *Flensburger Hefte Nr. 51* (siehe Anm. 13)

10 Siehe hierzu den Vortragszyklus Rudolf Steiners *Inneres Wesen des Menschen zwischen Tod und neuer Geburt*, Dornach ⁶1997 (GA 153)

11 Betty J. Eadie, *Licht am Ende des Lebens. Bericht einer außergewöhnlichen Nah-Todeserfahrung*, München 1994

12 Dannion Brinkley mit Paul Perry, *Zurück ins Leben. Die wahre Geschichte des Mannes, der zweimal starb*, Köln 1994, S. 23f., S. 28.

13 Flensburger Heft Nr. 51, *Nah-Todeserfahrungen. Rückkehr zum Leben*, Flensburg 1995

14 *Brücke über den Strom, Mitteilungen aus dem Leben nach dem Tode eines im 1. Weltkrieg gefallenen jungen Künstlers*, Schaffhausen ²1985

15 Rudolf Steiner, *Inneres Wesen des Menschen und Leben zwischen Tod und neuer Geburt*, (Wien, 8.4.1914) GA 153, Dornach ⁶1997, S. 42f.

16 Tom Sawyer, *What Tom Sawyer Learnt From Dying*, Norfolk VA, U.S.A.

17 Flensburger Hefte 51, siehe Anm. 13

18 Helen Wambach, *Leben vor dem Leben*, München 1991

19 Der in vielen Veröffentlichungen verwandte Ausdruck »Hypnose« ist irreführend, weil damit sehr unterschiedliche Wege der Tiefen-Entspannung, mitunter sogar der Zustand der Meditation, verstanden werden. Er ist nicht immer identisch mit dem wissenschaftlichen Begriff »Hypnose«.

20 Chet B. Snow, *Zukunftsvisionen der Menschheit*, Genf/München 1991

21 Rupert Sheldrake, *Das schöpferische Universum*, München 1989. Ders.: *Das Gedächtnis der Natur*, Bern 1992

22 Interview mit Kenneth Ring in: *Flensburger Hefte Nr. 51*, S. 161f.

23 Rudolf Steiner, *Das Johannesevangelium im Verhältnis zu den anderen Evangelien*, Vortrag vom 6. Juli 1909 (GA 112), Dornach ⁵1975, S. 249

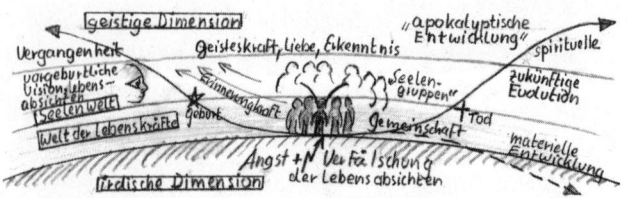

Skizze 1: Der Weg der Reinkarnation durch die verschiedenen Weltensphären.

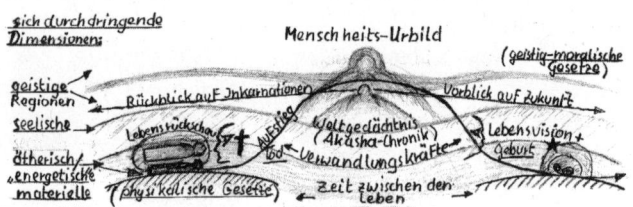

Skizze 2: Der Weg der Verwandlung von Leben zu Leben.

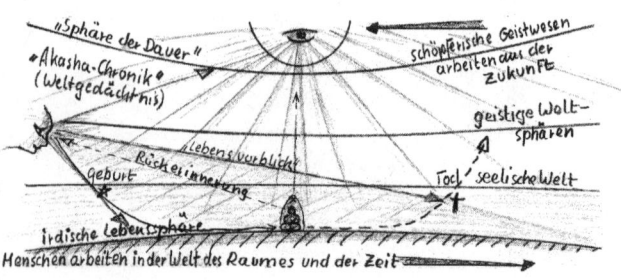

Skizze 3: Der meditative Rückblick in die Lebensvorschau und die Welt der Dauer.